新版

家庭でできる おいしい 柑橘づくり 12か月

三輪正幸

家の光協会

はじめに

柑橘は昔から日本人の生活と密接な関係があります。冬至にはユズを浮かべた湯船につかって温まり、正月には鏡餅の上にダイダイをのせて子孫繁栄を祈願するなど、多くの風習が、年中行事として恒例になっています。また、果皮を乾燥させた陳皮《ちんぴ》は、昔から生薬として健康維持のために利用されています。

柑橘の代表格は温州《うんしゅう》ミカンで、種子がなく果皮がむきやすいため古くから人気があり、消費が低迷した現在でも柑橘のなかで、もっとも生産されています。農林水産省が公表している果樹生産出荷統計によると、温州ミカンの生産量は果樹全体で1位をキープし続けており、2位のリンゴ、3位のナシと続きます。※また生産量は少なくても、沖縄のシークワーサーや鹿児島の桜島《さくらじま》小《こ》ミカン、徳島のスダチや大分のカボスなどは特産柑橘とよばれ、古くから地域で親しまれています。最近では、種子がなく果皮がむきやすいミカン類の性質と、オレンジの強い香りを併せ持った不知火《しらぬひ》（登録商標：デコポン）をはじめ、せとか、はるみといったタンゴール類の人気も高まっています。

このように豊富な種類や品種がありますが、収穫時期も多彩で、年間を通じてなにかしらの果実が収穫できるのも柑橘の大きな魅力です。

果物として購入することが多い柑橘ですが、管理作業にはそれほど手間がかからず栽培しやすいので、家庭で育てることも決して難しくはありません。病害虫にも比較的強く、多少の被害に目をつぶれば無農薬でも栽培できるので、園芸ビギナー向きの果樹だといえます。観賞性にも優れ、開花や果実が着色する様子など、季節ごとの木の変化を眺めるのは楽しいものです。また、なんといっても手塩にかけて育てた果実の収穫では、至福の瞬間を家族と共有することができます。守るべきポイントをおさえて、家庭に柑橘の木がある生活を満喫してみてください。

本書は、家庭で柑橘を育てるコツをまとめたものです。なるべくわかりやすくていねいに説明するようにこころがけました。1人でも多くの方に、柑橘栽培の魅力と醍醐味をお伝えできれば幸いです。最後になりましたが、本書では新旧の研究成果を多く引用しております。これらのデータを明らかにした、柑橘栽培に携わる諸先輩方に対して敬意を表するとともに、この場を借りて厚くお礼申し上げます。

2021年2月

三輪正幸

※　2018年度の果樹生産出荷統計（農林水産省）の収穫量。
温州ミカン773,700トン、リンゴ756,100トン、日本ナシ231,800トン

もくじ

1章
柑橘の魅力

柑橘はどれも個性的で、味も香りも豊か。家庭で育てるからこそ、入手困難な珍しい品種を味わうことも。まずは柑橘を家庭で育てる魅力、多様な品種とその選び方についてご紹介します。

始めてみませんか？ 至福の柑橘ライフ

「家庭で柑橘を育てるのは難しい？」

そんなことはありません。大きな庭がなくても、鉢植えで育てることができます。美しい花、青々とした葉、さわやかな香りなど、生育過程も楽しみながら、旬を迎えた果実を収穫できるのは、育てた人だけの特権です。身近に柑橘がある生活を始めてみませんか。

柑橘を育てたらこんなふうに楽しめる

完熟果を味わう

柑橘は成熟とともに甘みがグッと増す。家庭で育てれば最高のタイミングで収穫できる。

成長過程を楽しむ

同じ品種でも未熟果と完熟果で違う風味になるものも。花や葉の様子や香りが楽しめるのも魅力。

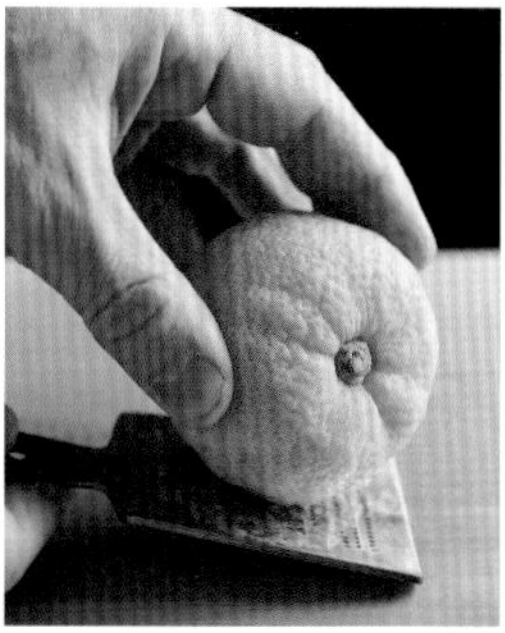

ドリンクはもちろん、料理やお菓子など幅広く活用

柑橘をたくさん収穫できれば、たっぷりと果汁を搾ってドリンクに。爽快な香りと酸味を楽しめる。また、料理やお菓子づくりにも大活躍。無農薬（減農薬）で栽培すれば、丸ごと安心して使える。

おすすめの柑橘トップ5

どんな柑橘を育てるか――。夢は膨らみますが、いざ検討を始めると多様な種類と似たような見た目で混乱することも。そこで、おすすめの柑橘トップ5を厳選してご紹介します。柑橘選びに悩んだら、このトップ5から検討してみてください。育てやすさや味の特徴、選び方のポイントについては16～18ページにまとめていますので参照してください。

柑橘のなかでもトップクラスの人気
【レモン】

※詳細は36 ～ 37ページ参照。

注目の品種 ピンクレモネード

葉や果実に斑が入っている珍品種。果肉が淡いピンク色で酸味がまろやかだが、通常のレモンとして利用でき、観賞性と実用性を兼ねている。

基本データ

- **甘　み**　弱い
- **酸　味**　強い
- **利用法**　主に料理用
- **種子の数**　普通（品種による）
- **耐寒性**　弱い（耐寒気温－３℃程度）
- **トゲ**　大きくて多い（品種による）

特徴

料理の引き立て役から時には主役をこなすこともあるレモン。近年、家庭におけるレモン栽培が大人気で、苗木の流通量が急増しており、手軽に入手できます。

品種も多彩で、王道のリスボンのほか、トゲが小さくて少ないビラフランカ、比較的寒さに強いマイヤーレモンや璃《り》の香《か》などがあります。また、葉や果実に斑《ふ》が入ったピンクレモネード（右上写真）という珍しい品種もあります。

栽培のポイント

もっとも注意すべきなのが冬の寒さです。冬の最低気温が－３℃を下回る、もしくは霜が降りるような地域では、なるべく鉢植えにして冬の置き場を暖かい場所に移動させましょう。寒冷地で庭植えすると、防寒対策（98ページ）を施しても枯れることがあります。

トゲが大きくて多いので、見つけしだい、切り取りましょう。病害虫では、かいよう病や黒点病《こくてんびょう》が発生しやすいので注意が必要です。

格別のミカンが鈴なり

【温州《うんしゅう》ミカン】

※詳細は20ページ参照。

注目の品種　小原紅早生

宮川早生《みやがわわせ》の枝変わり（突然変異）によって誕生した品種で、果皮が赤みを帯びた橙色をしている。甘みが強くて味が濃厚なので人気。

基本データ

- **甘　　み**　普通（糖度９～13%程度）
- **酸　　味**　弱い
- **利 用 法**　主に生食用
- **種子の数**　無し（まれに入る）
- **耐 寒 性**　普通（耐寒気温－５℃程度）
- **ト　　ゲ**　成木にはほぼない

特徴

「ミカンはわざわざ育てなくてもスーパーで買えばよい」と思いがちですが、品種や栽培方法にこだわって育てることで格別のミカンを収穫することができます。

品種では濃厚な甘みの小原紅早生《おばらべにわせ》（右上写真）やジューシーな寿太郎《じゅたろう》などがおすすめです。栽培方法では、摘果《てきか》（72ページ）や水やり（126ページ）などを工夫することで、市販品よりも高品質なミカンを収穫できる可能性があります。

栽培のポイント

耐寒気温が－５℃程度で、庭に植えても関東以西などでは枯れにくいですが、温暖で日当たりがよい環境で育てたほうが高品質な果実が得られます。そのため、庭植えにするのは温暖地に限り、それ以外の地域では鉢植えにして、春から秋に暖かくて日当たりのよい場所に置きましょう。また、晩夏から秋にかけて土を乾きぎみに育てると甘みが増します。木が弱り、翌年の収穫量が激減（隔年結果）しやすいので摘果は必須です。

人気のタンゴール類の新品種

【麗《れい》紅《こう》・あすみ】

※詳細は26ページ参照。

麗紅

あすみ

基本データ

- **甘　み**　強い（糖度12～16%程度）
- **酸　味**　普通
- **利用法**　主に生食用
- **種子の数**　少ない
- **耐寒性**　普通（具体的なデータは不明）
- **ト　ゲ**　成木にはほぼない

特徴

ミカンのような食べやすさとオレンジのような香りや甘さを兼ね備えたタンゴール類（24ページ）。不知火《しらぬひ》（デコポン／登録商標）やせとかなどが有名ですが、最近では新品種が続々と発表されています。たとえば、麗紅は濃厚な味ととろけるような食感をもつため有望視されています。あすみは生育環境がよいと糖度が15%以上になる極甘の品種です。ぜひともチャレンジしてみましょう。

栽培のポイント

具体的な耐寒気温の詳細は不明ですが、耐寒性が同程度の温州ミカン（12ページ）に準じて栽培します。

果実は12月頃には色づきますが、温州ミカンと異なり、その状態ではまだ酸味が強くて甘みが少ないので、木にならしたままで越冬させて１～２月まで収穫を待ちます。越冬中に寒さで果実が傷むと、果肉がパサパサになることもあるので、寒冷地ではなるべく鉢に植えましょう。主に気温や日当たり、水やりが甘みを左右します。

寒さに強い香酸柑橘《こうさんかんきつ》の王様

【ユズ】

※詳細は38ページ参照。

注目の品種　多田錦

ユズ（左写真：本ユズ）といえば種子が多いが、多田錦（右写真）は種子がほとんどなく、トゲが小さいので人気。果実が少し小さいのが難点。

基本データ

- **甘　　み**　弱い
- **酸　　味**　強い
- **利 用 法**　主に料理用
- **種子の数**　多い（品種による）
- **耐 寒 性**　強い（耐寒気温－７℃程度）
- **ト　　ゲ**　大きくて多い（品種による）

特徴

ユズ湯や柚子胡椒《ゆずこしょう》、柚餅子《ゆべし》など古くから広く利用されているユズ。現在、国内の香酸柑橘のなかでもっとも生産量が多く、庭木としても人気です。

通常流通しているユズは、本《ほん》ユズともよばれて大果です。ほかには種子がほぼない多田錦（右上写真）が利用しやすいうえ、トゲが小さいのでおすすめです。スダチやカボス、ハナユ、ジャバラ（38～39ページ）などもユズの類縁種です。

栽培のポイント

耐寒気温が－７℃と柑橘のなかでもっとも寒さに強く育てやすい品種です。トゲが大きくて多いので注意が必要で、時期に限らず見つけしだい、切り取りましょう。

「桃栗３年、柿８年、柚子の大馬鹿20年」といわれるように、初結実までの年数が長い傾向にあります。そこで、直立した枝を誘引《ゆういん》(96ページ) したり、過度な剪定《せんてい》や施肥《せひ》を控えたり、鉢植えにしたりすると初結実までの年数が大幅に短縮化され、実つきもよくなります。

もっとも育てやすい柑橘のひとつ
【キンカン】

※詳細は35ページ参照。

基本データ

- 甘　　み　弱い〜普通
- 酸　　味　普通
- 利 用 法　生食用や料理用
- 種子の数　普通（品種による）
- 耐 寒 性　普通（耐寒気温－５℃程度）
- ト　　ゲ　小さくて多い（品種による）

特徴

小さな果実を果皮ごと食べるキンカン。実つきが比較的よく、木が大木になりにくいので、もっとも家庭で栽培しやすい柑橘のひとつといえます。

品種では種子がなくてトゲが小さいぷちまる(右上写真)がおすすめです。オオミキンカンは食味は劣るものの大果で人気があります。ラベルなどに「キンカン」しか表示のない苗木のほとんどは、ニンポウキンカンだと推測されます。

注目の品種　ぷちまる

種子がほとんどなく、食べやすいのが最大の魅力。トゲが小さい傾向にあるので育てやすく、苗木の流通量が多くて入手しやすい。

栽培のポイント

開花は７月頃で、ほかの柑橘より開花が遅いです。生育状態がよいと９～10月にも開花しますが、結実しても品質が悪いので可能ならすべて切り取ります。７月開花の果実の摘果《てきか》は必須ではありませんが、甘くて大きな果実を収穫したい場合には行います（72ページ）。日当たりと水はけのよい場所に植えると実つきがよくなります。

大木になりにくいものの、枝分かれしやすく枝が混み合いやすいので、剪定《せんてい》では枝の間引きを重視します。

失敗しない選び方

まずは食べてみたい柑橘を選ぶのがおすすめ。育てやすさやまわりの環境で検討してみてもよいでしょう。柑橘の選び方のポイントを紹介します。

味・食べ方

好みの味の柑橘を育てるのがおすすめ。ミカン類やタンゴール類は甘さが強く、果実を生のまま食べることがほとんどですが、レモンやユズなどの香酸柑橘《こうさんかんきつ》は、酸味の強い果汁や豊かな香りをもつ果皮を料理などに使って楽しめます。どんな柑橘が食べたいかを想像してみましょう。

耐寒性

いろいろな種類の柑橘がありますが、総じて寒さに弱く、種類や品種によって耐寒気温が異なります。居住地の最低気温よりも耐寒気温が低いものを選ぶのが基本。耐寒気温のほうが高い柑橘を育てる場合は、鉢植えにして冬だけ室内に取り込みましょう（102ページ）。

主な柑橘の耐寒気温

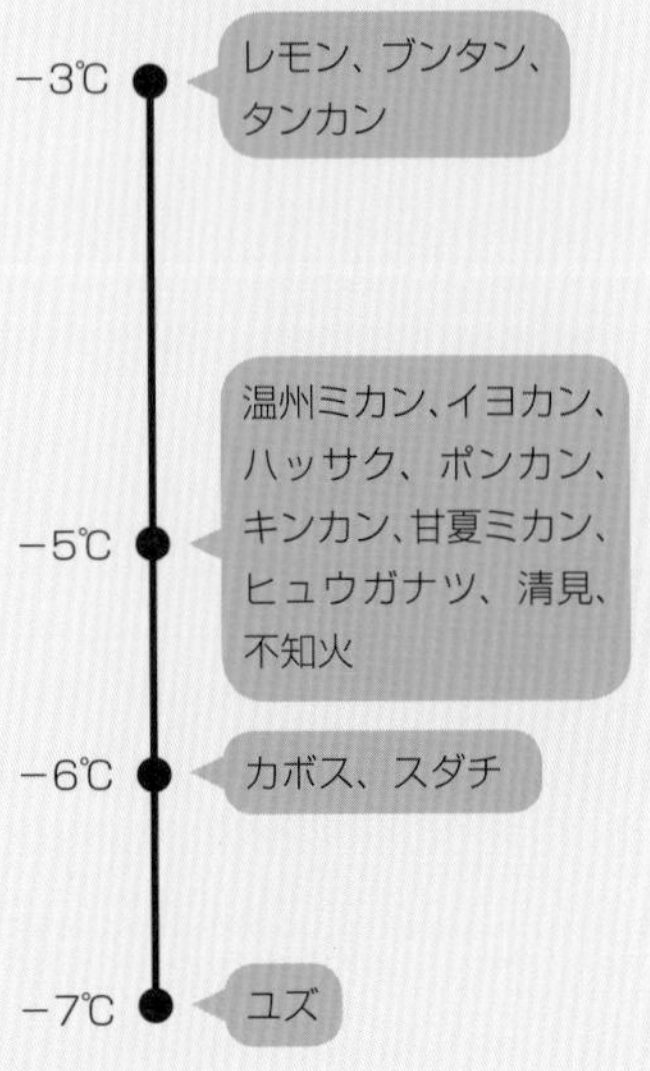

参考：
果樹農業振興基本方針（農林水産省：2015年）

収穫時期

柑橘は種類によって収穫時期が異なります（次ページ）。柑橘の多くは5月に開花するので、そこから収穫までの期間が短いほど、病害虫などの被害や寒さで果実が傷むリスクが少なくなります。育てやすさを重視するなら、年内（12月まで）に収穫できる柑橘を選ぶとよいでしょう。

生育サイクルと収穫時期

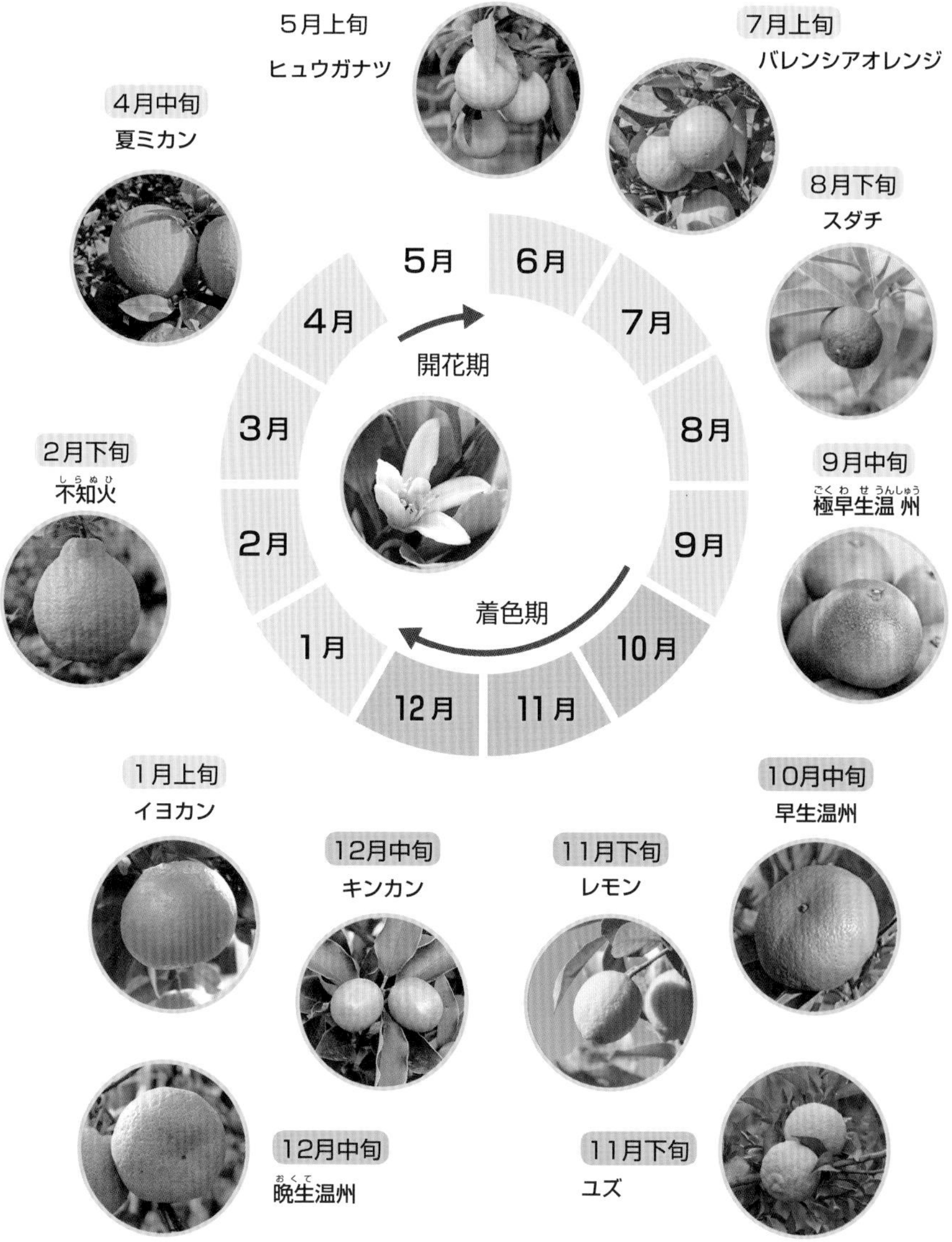

※収穫時期は関東地方を基準とした目安
※詳しい収穫時期の目安は78ページ

柑橘は１年中、何かしらが収穫できます。柑橘は種類・品種に関係なく、開花するのは通常５月ですが、収穫時期は異なります。もっとも収穫時期が早く訪れるスダチは開花から３か月後の８月には収穫できますが、もっとも遅いバレンシアオレンジは開花から13か月後の翌年６～７月が収穫適期です。

トゲ

柑橘の枝にはトゲがあります。特に幼木にトゲが多く、生育していくにつれて目立たなくなっていくのが一般的ですが、成木になっても大きいトゲがたくさんついているものもあります。具体的には、カラタチ、ユズ、レモン、キンカン、ハナユ、スダチ、カボス、ブンタンなど。しかし、このようなトゲが目立つ柑橘のなかにも、レモンではビラフランカ、キンカンではぷちまるなど、トゲが小さく、少ない品種もあるので検討してみましょう。トゲがあると日々の管理がしづらいので、トゲが多い種類を避けて選ぶか、はさみでトゲを切り取ることをおすすめします。

▲トゲは切り取っても、生育には問題ない。

その他

ほかにも、実つきのよさや、病害虫の強さなど選ぶポイントはさまざまで「耐寒性はあるがトゲが多い」など、正直「育てやすいものはこれ！」と断定することはできません。また、ハッサクやヒュウガナツ、ブンタン、バンペイユなどは、自身の花粉では受粉がうまく行われず（自家不《じかふ》和合性《わごうせい》）結実しにくいため、近くに受粉樹として異なる種類の柑橘の苗木が必要なので注意しましょう。

食べた果実の種子をまいて育ててみるというのも可能です（播種《はしゅ》・113ページ）。柑橘の多くは、種子から育てても親の性質を引き継ぐ傾向にありますが、新しい品種が生まれる可能性もあります（115ページ）。しかしながら、種子から育てると初収穫までに8年程度かかるので、のんびり育てる前提で臨みましょう。

次のページから、多数ある柑橘のなかから、家庭で育ててみたい柑橘を88種に厳選して紹介します。種類ごとの特徴を明記しているので、選ぶさいの参考にしてください。

品種図鑑

厳選の88品種

柑橘は毎年のように新しい品種が育成され、数えきれないほどの種類や品種が存在します。ここでは、そのなかでも定番の品種や新品種、おすすめを88品種に厳選して紹介します。味や外見などの特徴に加えて、収穫時期や栽培の難易度などにも注目して選ぶとよいでしょう。

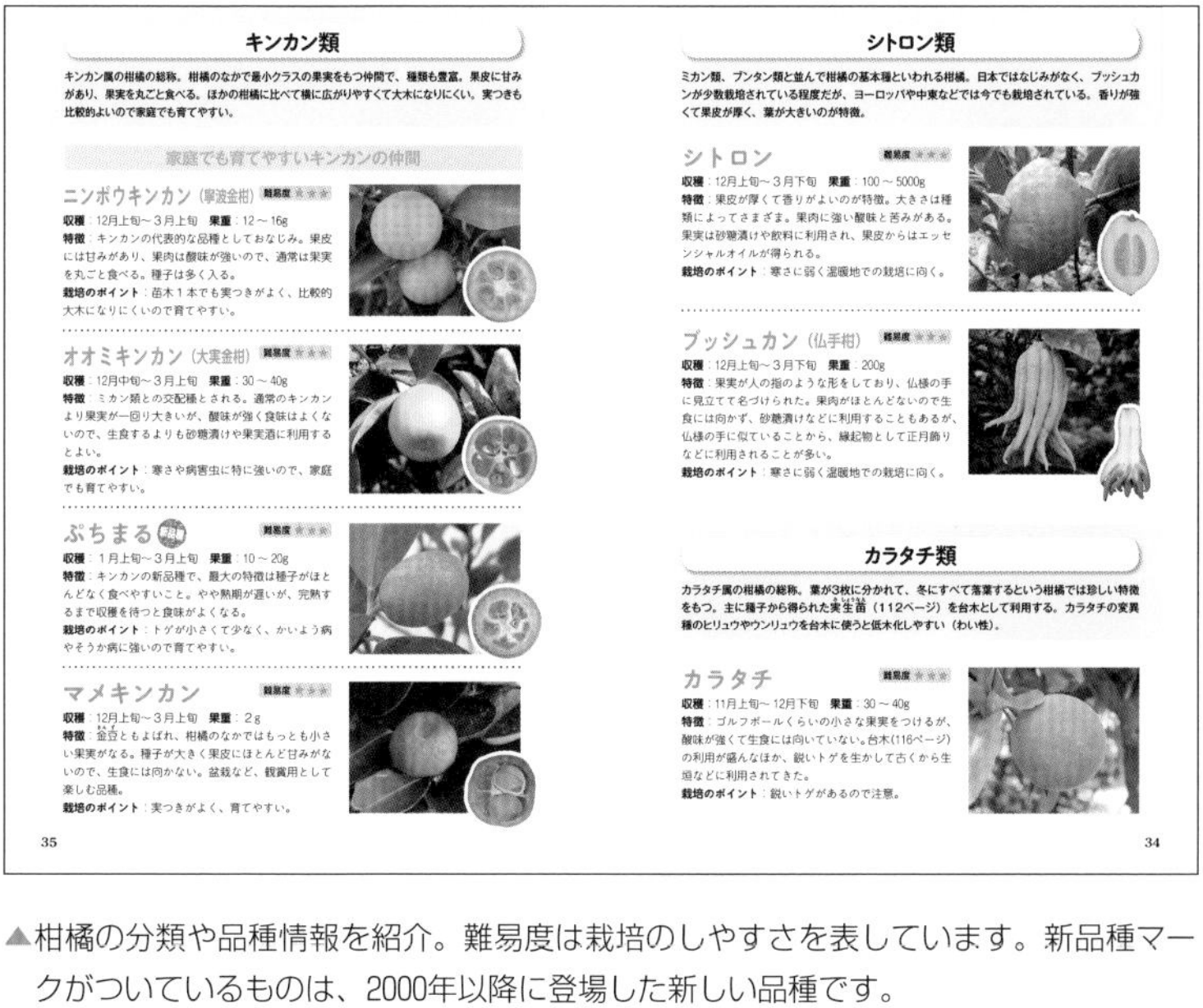

キンカン類

キンカン属の柑橘の総称。柑橘のなかで最小クラスの果実をもつ仲間で、種類も豊富。果皮に甘みがあり、果実を丸ごと食べる。ほかの柑橘に比べて横に広がりやすくて大木になりにくい。実つきも比較的よいので家庭でも育てやすい。

家庭でも育てやすいキンカンの仲間

ニンポウキンカン（寧波金柑） 難易度

収穫：12月上旬～３月上旬　**果重**：12～16g
特徴：キンカンの代表的な品種としておなじみ。果皮には甘みがあり、果肉は酸味が強いので、通常は果実を丸ごと食べる。種子は多く入る。
栽培のポイント：苗木１本でも実つきがよく、比較的大木になりにくいので育てやすい。

オオミキンカン（大実金柑） 難易度

収穫：12月中旬～３月上旬　**果重**：30～40g
特徴：ミカン類との交配種とされる。通常のキンカンより果実が一回り大きいが、酸味が強く食味はよくないので、生食するよりも砂糖漬けや果実酒に利用するとよい。
栽培のポイント：寒さや病害虫に特に強いので、家庭でも育てやすい。

ぷちまる 難易度

収穫：１月上旬～３月上旬　**果重**：10～20g
特徴：キンカンの新品種で、最大の特徴は種子がほとんどなく食べやすいこと。やや熟期が遅いが、完熟するまで収穫を待つと食味がよくなる。
栽培のポイント：トゲが小さくて少なく、かいよう病やそうか病に強いので育てやすい。

マメキンカン 難易度

収穫：12月上旬～３月上旬　**果重**：２g
特徴：金豆ともよばれ、柑橘のなかではもっとも小さい果実がなる。種子が大きく果皮にほとんど甘みがないので、生食には向かない。盆栽など、観賞用として楽しむ品種。
栽培のポイント：実つきがよく、育てやすい。

35

シトロン類

ミカン類、ブンタン類と並んで柑橘の基本種といわれる柑橘。日本ではなじみがなく、ブッシュカンが少数栽培されている程度だが、ヨーロッパや中東などでは今でも栽培されている。香りが強くて果皮が厚く、葉が大きいのが特徴。

シトロン 難易度

収穫：12月上旬～３月下旬　**果重**：100～5000g
特徴：果皮が厚くて香りがよいのが特徴。大きさは種類によってさまざま。果肉に強い酸味と苦みがある。果実は砂糖漬けや飲料に利用され、果皮からはエッセンシャルオイルが得られる。
栽培のポイント：寒さに弱く温暖地での栽培に向く。

ブッシュカン（仏手柑） 難易度

収穫：12月上旬～３月下旬　**果重**：200g
特徴：果実が人の指のような形をしており、仏様の手に見立てて名づけられた。果肉がほとんどないので生食には向かず、砂糖漬けなどに利用することもあるが、仏様の手に似ていることから、縁起物として正月飾りなどに利用されることが多い。
栽培のポイント：寒さに弱く温暖地での栽培に向く。

カラタチ類

カラタチ属の柑橘の総称。葉が3枚に分かれて、冬にすべて落葉するという柑橘では珍しい特徴をもつ。主に種子から得られた実生苗《みしょうなえ》（112ページ）を台木として利用する。カラタチの変異種のヒリュウやウンリュウを台木に使うと低木化しやすい（わい性）。

カラタチ 難易度

収穫：11月上旬～12月下旬　**果重**：30～40g
特徴：ゴルフボールくらいの小さな果実をつけるが、酸味が強くて生食には向いていない。台木(116ページ)の利用が盛んなほか、鋭いトゲを生かして古くから生垣などに利用されてきた。
栽培のポイント：鋭いトゲがあるので注意。

34

▲柑橘の分類や品種情報を紹介。難易度は栽培のしやすさを表しています。新品種マークがついているものは、2000年以降に登場した新しい品種です。

ミカン類

小～中型で果皮がむきやすい柑橘の総称で、マンダリンやタンジェリンともいわれる。食べやすくて飽きのこない味が特徴で、古来より広く親しまれてきた。温州ミカンは国内生産量ナンバー1で、ミカンといえば、これ。

国内生産量ナンバー1！ 温州《うんしゅう》ミカン

興津早生《おきつわせ》

難易度 ★★★

収穫：10月下旬～11月上旬　**果重**：100～120g

特徴：温州ミカンの主要な早生品種で、宮川早生の実《み》生苗《しょうなえ》（112ページ）が由来。宮川早生に比べると樹勢が強く実つきがよい。糖度、酸度ともに高く、なおかつバランスがとれているため、食味がよい。

栽培のポイント：完全着色後も味がぼけにくく、完熟栽培が可能。耐寒気温は－５℃程度。

宮川早生

難易度 ★★★

収穫：10月上旬～12月上旬　**果重**：100～120g

特徴：代表的な早生品種。果実が大きく、実つきもよい。極早生品種よりも甘みが強く酸味は弱い。袋(じょうのう）が薄くて食べやすい。

栽培のポイント：隔年結果が比較的少なく、初心者でも栽培しやすい。

小原紅早生：赤みを帯びた鮮やかな果皮色が特徴の早生品種。甘みが特に強くて濃厚な味が人気。

寿太郎：晩生《おくて》品種。甘みが強く保存性に優れる。保存することで、酸味が抜けてまろやかな味になる。

石地《いしじ》：中生《なかて》品種。糖度が高く食味もよい。果皮と果肉に隙間ができる浮き皮が発生しにくい。

青島：晩生品種。果実は大きく、へん平。保存性がよく、３月頃まで出回る。

ミカン類のパイオニア

ポンカン

難易度 ★★★

収穫：12月　**果重**：150 ～ 200g

特徴：ポンカンの「ポン」は、原産地であるインドの都市Poona（プーナ）に由来。酸味は少なく、やさしい甘みが特徴。果皮はむきやすく、袋（じょうのう）は薄くて食べやすいが、種子が入るのが難点。

栽培のポイント：耐寒気温は－５℃程度。温暖地で育てたほうが甘みが強くなり、果実品質がよくなる。

紀州ミカン（桜島《さくらじま》小《こ》ミカン）

難易度 ★★★

収穫：12月　**果重**：40 ～ 50g

特徴：鹿児島県特産の桜島小ミカンは本種と同じもの。果実は直径４～５cmで一説には「世界一小さなミカン」ともいわれる。生食のほか果皮を薬味にすることもある。果実が小さいのに種子が入りやすく、やや食べにくい。

栽培のポイント：水はけのよい土壌と温暖な気候で育てれば、実つきはとてもよい。

クネンボ

難易度 ★★★

収穫：11月上旬～ 12月中旬　**果重**：150 ～ 200g

特徴：インドシナ原産。果皮は厚みがあり、表面はゴツゴツで独特の香りがある。現在は鹿児島県や沖縄県などに栽培が限られる。近年の研究の結果、温州ミカンの親が紀州ミカンと本種だと明らかになり注目されている。

栽培のポイント：寒さに弱いので、温暖地での栽培に向く。

タチバナ（橘）

難易度 ★★★

収穫：11月～ 12月下旬　**果重**：40g

特徴：『日本書紀』に記載があるとされ、古くから南部を中心に国内各地で野生化しているが、現在は栽培例が少ない。完熟状態でも非常に酸味が強く、利用法としては香酸柑橘に近いが、本書ではミカン類とした。

栽培のポイント：木が直立しやすいので、剪定《せんてい》などを行って大木にならないように注意する。

品種改良で生まれたミカン類

早香《はやか》

難易度 ★★★

収穫：12月　**果重**：150g

特徴：今村温州にポンカンを掛け合わせてできた品種。ミカン類のなかでは特に甘みが強く食味はとてもよいが、ポンカンと同様に種子が多く入るのがやや難点。

栽培のポイント：栽培適地が広くて年内に収穫でき、病害虫の発生が少ないので家庭でも比較的育てやすい。

カラ

難易度 ★★★

収穫：４～５月　**果重**：150g

特徴：別名カラマンダリン。アメリカからの導入種で、温州ミカンとキングの交配種。果皮が薄くて甘みが強いが、種子が少し入る。

栽培のポイント：収穫までの約１年の間、樹上で育てるため、冬の寒さや風対策、鳥害対策を行う必要がある。

南津海《なつみ》

難易度 ★★★

収穫：４～５月　**果重**：150g

特徴：山口県で誕生した品種で、カラと吉浦ポンカンの交配種。袋（じょうのう）がやわらかく、樹上で越冬させるため甘みが強いのが特徴。

栽培のポイント：樹勢は強く、木は寒さに比較的強いが、収穫時期が遅すぎたり、越冬中に果実が凍るとス上《あ》がり（水分が抜けてぱさぱさになること）が発生することがあるので注意。

アンコール

難易度 ★★★

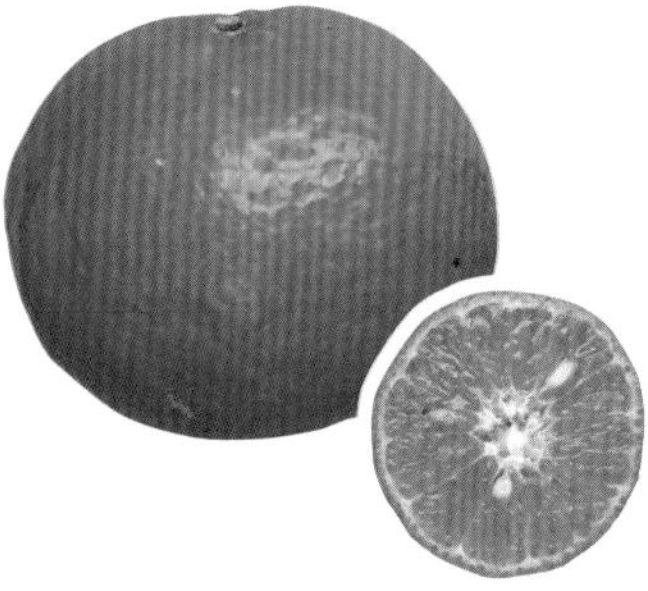

収穫：２～４月　**果重**：100～150g

特徴：アメリカからの導入種。種子が入る。果皮と果肉が濃い橙色で、特有の強い芳香、濃厚でコクのある食味は一度食べたら忘れられないほど。タンゴール類のキングが交配親に使われており、タンゴール類に分類される場合もある。

栽培のポイント：寒さに弱いので、温暖地での栽培に向く。

スイートオレンジ類

甘みが強くて酸味が弱いオレンジの仲間。香りも非常に強くて味には定評がある。果実が完熟するのが春以降になる場合が多く、木になったまま果実を越冬させるため、冬が寒い日本では温暖地での栽培が向いている。

甘みと香りが濃厚なオレンジ

バレンシアオレンジ　難易度 ★★★

収穫：６～７月　**果重**：200 ～ 250g

特徴：スイートオレンジ類の代表格。日本以外の多くの国で、もっともポピュラーな柑橘。果汁が多いので、ジュースにも利用される。

栽培のポイント：５月に開花し、13か月後の６～７月頃に収穫するので温暖地での栽培が望ましい。

ネーブルオレンジ　難易度 ★★★

収穫：１～２月　**果重**：220 ～ 300g

特徴：「ネーブル」は、英語で「へそ」という意味。盛り上がった果頂部がへそのように見える(右下写真)ことから、この名前がついた。種子はほとんどなく、甘みと酸味のバランスが絶妙。酸味が抜けるのがほかのオレンジよりも少し早く、収穫も早くできるため、国内ではスイートオレンジ類のなかでも育てやすい本種が選ばれることが多い。主な品種には、実つきのよい森田ネーブル、清家ネーブル、大果に育つ白柳ネーブルなどがある。

栽培のポイント：裂果を防ぐためには、へん平な果実を摘《てき》果《か》し、夏季にこまめに水やりをするとよい。

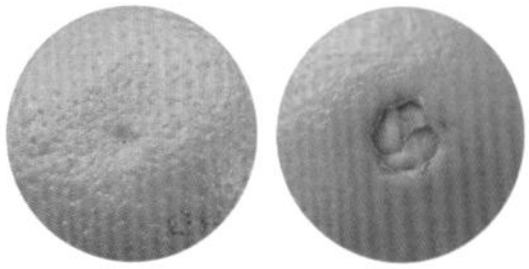

ネーブルオレンジ（右）にはへそがあり、バレンシアオレンジ（左）と区別できる。

ブラッドオレンジ　難易度 ★★★

収穫：２～３月　**果重**：170 ～ 200g

特徴：イタリア原産で、果肉が血のように赤いのが特徴。種子は少ないが、果皮はむきにくいので、ナイフなどで切り分けるとよい。タロッコやモロなどの品種があるが、苗木の流通量は少ない。

栽培のポイント：寒さに弱く、温暖な気候に向く。

タンゴール類とその仲間

ミカン類（tangerine）とスイートオレンジ類（orange）の交配種の総称。ミカン類の果皮のむきやすさと、オレンジ類の香りや濃厚さをもち、近年非常に人気がある。本書では交配親やその祖先にタンゴール類が利用されたものも含めて、独自の基準で第1～5世代に分けて紹介。

タンゴール類の第1～3世代（1979年以前に交配）

タンカン

難易度 ★★★

収穫：2月中旬～3月下旬　**果重**：200g

特徴：江戸時代に中国から導入されたタンゴール類の第1世代。桶に入れて売られたことから漢字で「桶柑」。果汁が多く、コクのある甘みがある。果皮や袋（じょうのう）が薄くて食べやすい。主な産地は鹿児島県。

栽培のポイント：寒さに弱く、温暖な気候に向く。

清見《きよみ》

難易度 ★★★

収穫：3月上旬～4月上旬　**果重**：200g

特徴：タンゴール類第2世代として国内で初期（1949年）に交配された品種。第3世代以降のタンゴール類の多くに交配親もしくはその祖先として利用されている。濃厚な甘みと香りをもつが生産量は減少中。

栽培のポイント：枝が垂れて折れやすいので注意。

不知火《しらぬひ》（デコポン）

難易度 ★★★

収穫：2月中旬～3月上旬　**果重**：230g

特徴：凸（デコ）を有する外観が特徴のタンゴール類第3世代で、今も根強い人気がある。清見とポンカンの交配種。「デコポン」は登録商標で、糖度13%以上などの基準をクリアしたものだけが使用可。

栽培のポイント：隔年結果しやすいので、摘果《てきか》する。

津之香《つのかおり》

難易度 ★★★

収穫：3月下旬～4月中旬　**果重**：160g

特徴：不知火と同じ年（1972年）に清見と興津早生《おきつわせ》を交配して育成されたタンゴール類第3世代の品種。品種名の「香」はオレンジに似た香りがあることから。果皮は薄く、種子がないので食べやすい。

栽培のポイント：寒さに弱く、温暖な気候に向く。

タンゴール類の第3～4世代（1970～89年に交配）

せとか

難易度 ★★★

収穫：２月上旬～３月上旬　**果重**：250g

特徴：1984年に交配されたタンゴール類第４世代。果皮が薄くて種子がなく、袋（じょうのう）も薄くてやわらかい。果肉の食感はとろっとしていて糖度が高く、果実品質がよいので、現在のタンゴール類をリードしている超人気品種。若木ではトゲがあることも。

栽培のポイント：隔年結果しやすいので、摘果して養分ロスを防ぐ。

天草《あまくさ》

難易度 ★★☆

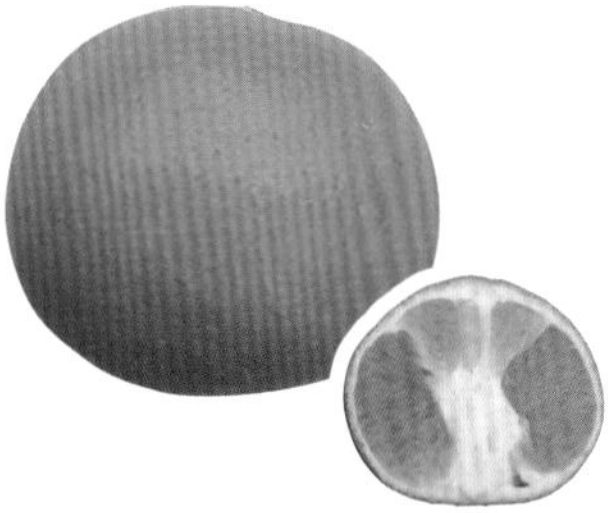

収穫：12月下旬～１月上旬　**果重**：200g

特徴：タンゴール類第４世代で、せとかと並んで人気の品種。オレンジに似た香りで果汁が多く、風味豊か。果肉はやわらかく、とろっとした食感。果皮はややむきにくいため、ナイフで切り分けるとよい。

栽培のポイント：かいよう病に弱いので、予防を徹底するとよい。

ありあけ

難易度 ★★☆

収穫：12月中～下旬　**果重**：170～200g

特徴：タンゴール類第３世代。交配親のネーブルオレンジに似て球形だがへそはないので区別できる。果皮は鮮やかな橙色で、ネーブルオレンジに比べるとむきやすい。果肉は濃い橙色でやわらかく、果汁も多い。

栽培のポイント：かいよう病にやや弱いので、予防を徹底するとよい。

はるみ

難易度 ★★★

収穫：１月上旬～２月上旬　**果重**：190g

特徴：タンゴール類第３世代。清見とポンカンの交配種。糖度が12%程度とやや高く、甘みが強い。果皮はむきやすく、袋（じょうのう）は薄く種子が少ないので食べやすい。濃厚すぎず、飽きのこない食味をもつ。

栽培のポイント：隔年結果しやすいので、摘果して養分ロスを防ぐ。

タンゴール類の新品種（第5世代：2000年以降に品種登録）

麗紅《れいこう》 新品種

難易度 ★★★

収穫：１月中旬～２月下旬　**果重**：210g

特徴：品種登録されたのが2000年以降の第５世代。赤みがかった果皮は、なめらかで光沢があり美しい。オレンジの香りと濃厚な甘みがあり、種子がなくて食べやすいので、次世代のエースとして有望視されている。

栽培のポイント：周囲に夏ミカンなどの他品種を植えると、受粉して種子ができるので注意。

あすみ 新品種

難易度 ★★★

収穫：２月　**果重**：150g

特徴：糖度が15%以上と極めて高く、香り、食味ともに非常に優れている。種子が少し入るが、袋（じょうのう）はやわらかくて食べやすく、有望視されている品種。

栽培のポイント：酸味が抜ける２月頃まで木にならせないと高品質な果実を収穫できないので、越冬時に果実が傷まない温暖地や鉢植えでの栽培に向く。

西南《せいなん》のひかり 新品種

難易度 ★★★

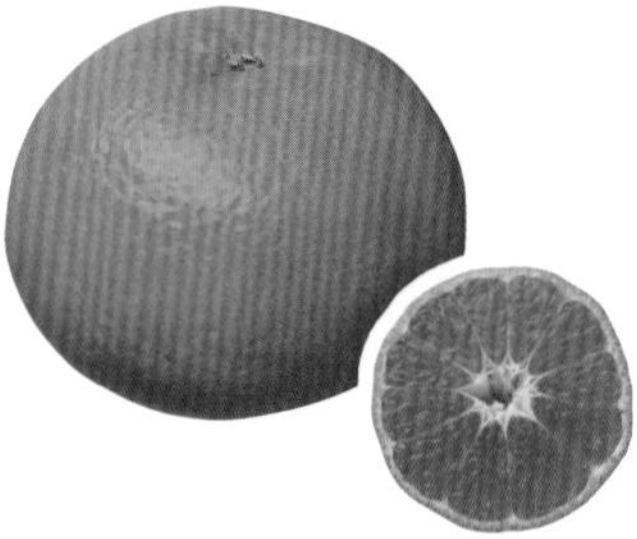

収穫：12月上～中旬　**果重**：180g

特徴：年内に収穫できて育てやすい有望な品種。果皮はむきやすく、袋（じょうのう）も薄く食べやすい。果肉はやわらかく、糖度が非常に高くジューシー。β-クリプトキサンチンを豊富に含んでいるのもポイント。

栽培のポイント：隔年結果しやすいので、摘果《てきか》をして養分ロスを防ぐ。

あすき 新品種

難易度 ★★★

収穫：２月下旬～３月　**果重**：180g

果実の特徴：糖度が16%程度と極めて高く、食味がよい有望品種。果皮はややむきにくいが、ナイフでカットしたときのドリップ（果汁の滴り）が少ないので、カットフルーツに向く。種子が少し入る。

栽培のポイント：酸味が抜ける２月まで木にならせないと高品質な果実を収穫できないので、越冬時に果実が傷まない温暖地や鉢植えでの栽培に向く。

タンゴール類の新品種（第5世代：2000年以降に品種登録）

みはや 新品種

難易度 ★★★

収穫：11月下旬～12月上旬　**果重**：190g

特徴：11月下旬頃から収穫できる有望な品種で、人気が徐々に高まっている。糖度が高くて酸味は少なく、アンコールに似て果皮が橙色でよい香りがする。袋(じょうのう)はやわらかく種子がないので食べやすい。

栽培のポイント：収穫が遅れると裂果しやすいので、遅くても年内に収穫する。

はれひめ 新品種

難易度 ★★★

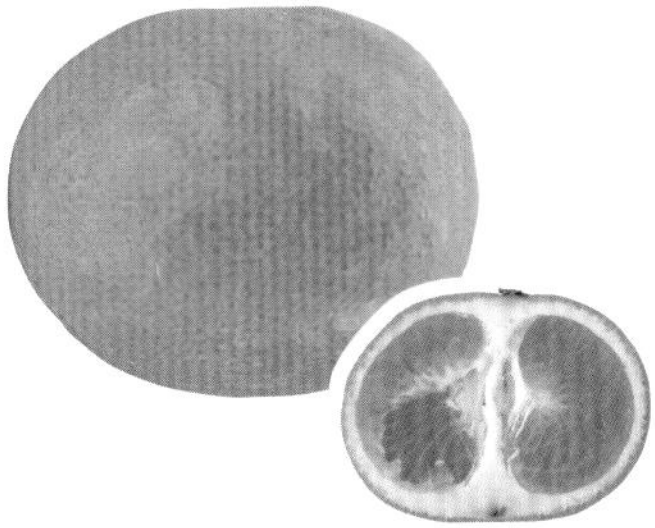

収穫：12月　**果重**：180g

特徴：糖度は10%程度とやや低めだが、オレンジに似た風味があり、飽きのこない味が特徴。果皮はやや厚いが手でむくことができる。年内に収穫できるため、比較的寒い地域でも栽培が可能で育てやすい。

栽培のポイント：かいよう病にやや弱いので、予防を徹底する。

たまみ 新品種

難易度 ★★★

収穫：１月中旬～２月上旬　**果重**：150g

特徴：オレンジに似た強い香りがあるのが特徴。果肉はやわらかく、果汁も多くてβ-クリプトキサンチンが豊富。種子が少し入る。

栽培のポイント：保水性のある土地に適しており、湿潤な土壌でも糖度が高くなる。そうか病、かいよう病に強いので育てやすいが、隔年結果しやすいので摘果して養分ロスを防ぐ。

津《つ》之《の》望《のぞみ》 新品種

難易度 ★★★

収穫：12月中～下旬　**果重**：190g

特徴：清見とアンコールの交配種。果肉はやわらかく濃い橙色で、果汁も多く、アンコールに似た香りがある。袋（じょうのう）も薄くて食べやすい。隔年結果しにくく、実つきがよいので家庭でも育てやすい。

栽培のポイント：そうか病やかいよう病に強いので育てやすい。

ブンタン類

果実が大きく、厚い果皮をもつブンタンの仲間の総称。ブンタンはインドネシアなどのマレー半島が発祥といわれている。種子が多く入るのが特徴。グレープフルーツはブンタンから発生したといわれているので、本書ではブンタン類として紹介する。

ブンタンとその近縁種

ブンタン（文旦）

難易度 ★★★

収穫：12月中旬～２月下旬　**果重**：500 ～ 2000g

特徴：別名ザボン。シャキシャキとした食感で、特有の香りがあり風味はさわやか。果皮が極めて厚いため、ナイフでむくとよい。果皮は砂糖煮などに利用される。

栽培のポイント：耐寒気温－３℃程度と寒さに特に弱い。夏ミカンなどの受粉樹があるとよい。

土佐ブンタン

高知県特産。上品な甘さとシャキシャキとした歯ごたえが魅力。

水晶ブンタン

果肉は水晶のように透明感があり、果皮は土佐ブンタンよりもなめらか。

バンペイユ（晩白柚）

難易度 ★★☆

収穫：12月上旬～２月下旬　**果重**：1500 ～ 2500g

特徴：柑橘のなかで果実は最大級の大きさ。果汁が多く、香りがよい。果皮は極めて厚く、砂糖漬けなどに利用される。長期保存が可能。

栽培のポイント：苗木１本では実つきが悪く、受粉樹として夏ミカンなどを近くに植えるとよい。

シシユ（獅子柚）

難易度 ★☆☆

収穫：12月上旬　**果重**：800g

特徴：名前に「柚」がつくが、ユズではなくブンタンの仲間。果実はいびつな形をしており、鬼柚子《おにゆず》ともよばれる。薬味、マーマレード、砂糖漬けなどのほか、正月飾りにも利用される。

栽培のポイント：剪定《せんてい》しすぎると開花しないので注意。

ブンタンの近縁種

オオタチバナ（大橘） 難易度★★★

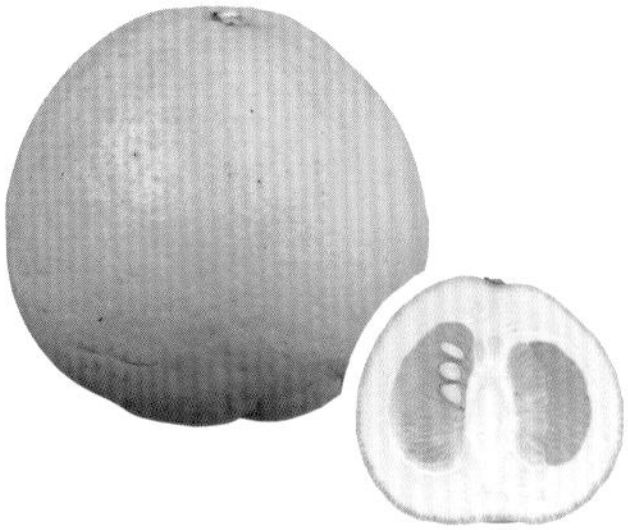

収穫：２～３月　**果重**：600g

特徴：産地によって、サワーポメロ、天草ブンタン、パール柑など多数の別名を持つ。香りのよさ、さわやかでジューシーな味わいが持ち味。果皮が厚いため傷みにくくて保存性が高く、傷のない果実は初夏まで保存することも可能。

栽培のポイント：受粉樹があると実つきが改善するので、夏ミカンなどを植えるとよい。

アンセイカン（安政柑） 難易度★★★

収穫：12月中旬～２月下旬　**果重**：500～900g

特徴：ブンタンの仲間で、江戸時代の安政年間に、広島県因島《いんのしま》で偶然生まれたとされる。果実は大きく、1000gを超えるものも。果実は甘みが強く、酸味は少ない。独特のほろ苦さもある。

栽培のポイント：12月頃に収穫して酸味が強い場合は、そのまま２か月程度保存して、酸味が抜けてから食べるとよい。

メイポメロ 難易度★★★

収穫：４月下旬～６月　**果重**：500～600g

特徴：ハッサクと平戸ブンタンの雑種。果皮が厚くてややむきにくい。ブンタンの特徴を受け継いださわやかな苦みがあり、食味はよい。

栽培のポイント：ほかのブンタン類に比べると病害虫や寒さに強くて育てやすい。ただし、降霜や降雪があるような地域で栽培する場合は、鉢植えにして冬の置き場に注意するとよい。

イエローポメロ 難易度★★★

収穫：５月下旬～６月　**果重**：500g

特徴：メイポメロと同じ交配親から生まれた姉妹品種で、ブンタン類のなかではもっとも収穫時期が遅いのが特徴。果皮はややむきにくいが、果汁がとても多く、風味はよい。

栽培のポイント：ほかのブンタン類よりも耐寒性が強いものの、寒冷地で栽培すると落果が増えるので注意。

グレープフルーツとその仲間

グレープフルーツ

難易度 ★★★

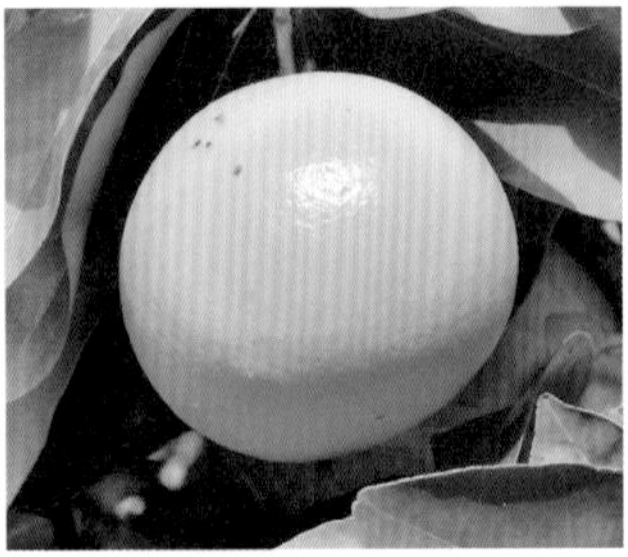

収穫：２月下旬～５月下旬　**果重**：250 ～ 500g

特徴：ブンタンの種子から発生したといわれ、ブンタンよりも果汁が豊富なのが特徴。果皮は黄色で、果肉は黄色いものや赤いものがある。香りがよく、さわやかな酸味と適度な苦みがある。ブンタンと同様に寒さに弱いので、温暖地で育てるか、鉢植えにして冬の置き場に注意するとよい。

栽培のポイント：温暖な気候での栽培に向く。

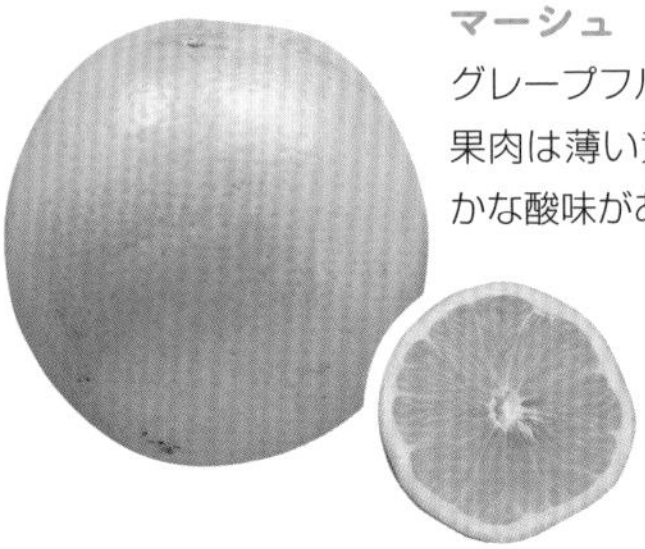

マーシュ

グレープフルーツのポピュラーな品種。果肉は薄い黄色でジューシー。さわやかな酸味がある。

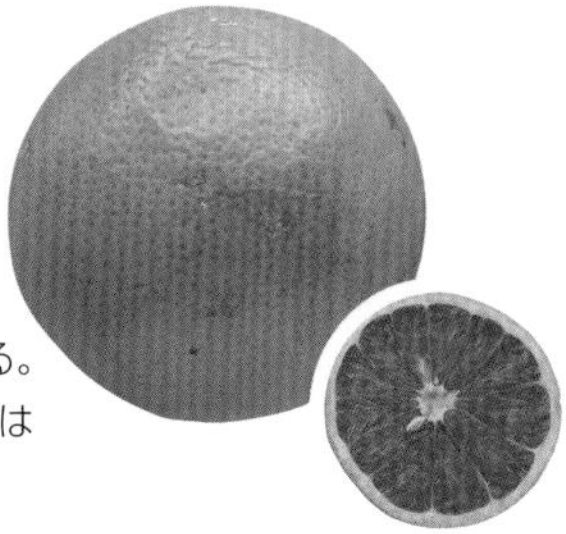

ルビーレッド

果肉は赤みがかっている。マーシュに比べると酸味は控えめで、甘みがある。

オロブランコ

難易度 ★★★

収穫：11 ～２月　**果重**：300g

特徴：グレープフルーツとブンタンの交配種で、イスラエルからの輸入果実は「スウィーティー」という商品名で流通している。ジューシーで苦みがなく、糖度も高い。果皮は緑色や黄色で、種子がほとんど入らないので食べやすい。

栽培のポイント：温暖な気候での栽培に向く。

チャンドラポメロ

難易度 ★★★

収穫：１～２月　**果重**：1000 ～ 2000g

特徴：ブンタンとグレープフルーツの交配種と推測されている。食感はブンタンに似て、外見や味はグレープフルーツのルビーレッドに近い。苗木の流通量は比較的多い。

栽培のポイント：温暖な気候での栽培に向く。

タンゼロ類

ミカン類（tangerine）とブンタン類（pomelo）の交配種の総称。ミカン類の果皮のむきやすさと、ブンタン類のさわやかな風味をもつ品種。ミネオラなどの海外産の果実が輸入されることも多いが、近年は国産の果実やスイートスプリングなど国内育成の品種もある。

スイートスプリング

難易度 ★★★

収穫：１月上旬～２月下旬　**果重**：200～250g

特徴：温州ミカンとハッサクの交配種で国内育成種。果皮は厚く、ごつごつしていて外観はよくないが、食味は抜群。少々緑色をしている果実でも収穫可能。

栽培のポイント：収穫時期が遅れたり、越冬時に果実が凍るとス上《あ》がりになるので注意。

セミノール

難易度 ★★★

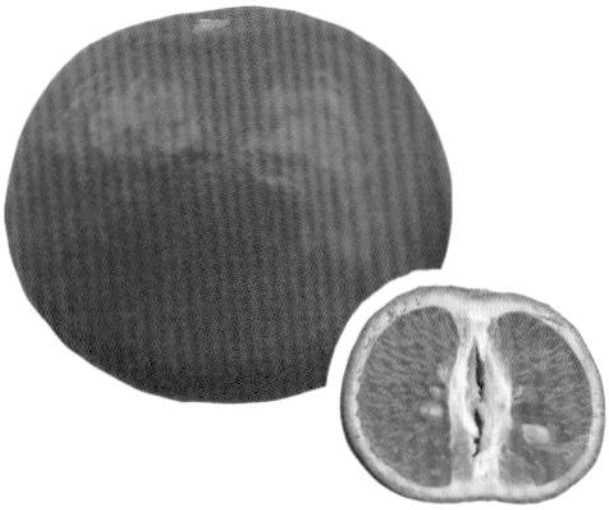

収穫：３～５月　**果重**：150～200g

特徴：グレープフルーツとダンシータンジェリンの交配種。果皮はなめらかで美しく、鮮やかな赤橙色をしている。果汁はあふれるほど多く、濃厚な甘みがある。主に和歌山県や大分県などで生産されている。

栽培のポイント：寒さに弱いので温暖地で育てる。

ミネオラ

難易度 ★★★

収穫：３～４月　**果重**：150～200g

特徴：セミノールと同じ親で、姉妹品種。不知火《しらぬひ》のように果実の軸のあたりに凸（デコ）があるのが特徴。独特の香りがあり、濃厚な味わいで果皮がむきやすく、食べやすい。多くはアメリカから輸入されている。

栽培のポイント：日光を特に好むので留意する。

イヨカン（伊予柑）

難易度 ★★★

収穫：１月上旬～２月下旬　**果重**：250g

特徴：雑柑類もしくはタンゴール類とされてきたが、近年の研究でタンゼロ類だと推測されている。果皮は厚めだが手でむくこともできる。糖度と酸味のバランスがよく、さわやかな味。

栽培のポイント：３月頃まで保存するとおいしい。

雑《ざっ》柑《かん》類《るい》

由来が不明な柑橘の総称。実《み》生《しょう》苗《なえ》（112ページ）などから偶然発見されたものが多い。近年のDNA分析技術の発展により、雑柑類の由来が判明しつつあり、ブンタンやユズなどが関与しているものが多いとされる。

夏ミカン

難易度 ★★★

収穫：４月中旬～５月下旬　**果重**：400 ～ 500g
特徴：12月頃には色づくが、酸味が強いので木になったまま越冬させ、初夏（５月頃）に収穫することが名前の由来。果肉は粗く苦みがあり、やや酸味が強いのが特徴。果皮は厚いので、ナイフで切ってむくとよい。
栽培のポイント：酸味が抜けるまで木にならせる。

川野ナツダイダイ（甘夏）：夏ミカンの枝変わり（突然変異）品種。別名の甘夏が有名。夏ミカンに比べると酸味が抜ける時期が３～４月頃と少し早く、品質面でも酸味が少なくて甘みが強く、食べやすい。普通の夏ミカンよりも、甘夏や新甘夏、紅甘夏などがおすすめ。
栽培のポイント：降霜や降雪が多い寒冷地では、年内に収穫して酸味が抜けるまで室内などで保存してから食べてもよい。

新甘夏：甘夏の枝変わり品種で食味がよい。サンフルーツ、田の浦オレンジ、ニューセブンという別名も。

紅甘夏：甘夏の枝変わり品種で、甘夏より果皮と果肉の色が濃くて若干甘みが強い。

ハッサク（八朔）

難易度 ★★★

収穫：12月中旬～２月下旬　**果重**：400g
特徴：ブンタン類とクネンボの雑種ともいわれ、タンゼロ類に似た性質をもつ。シャキシャキした食感や風味がブンタンにやや似ている。12月頃に収穫した場合には２月頃まで保存して酸味を抜いてから食べるとよい。
栽培のポイント：夏ミカンなどの受粉樹が必要。

ヒュウガナツ（日向夏） 難易度 ★★☆

収穫：４月中旬～５月下旬　**果重**：200～300g

特徴：別名ニューサマーオレンジ、小夏。果皮の白い部分にもわずかに甘みがある点が、ほかの柑橘にはない特徴。そのため、ナイフで黄色い果皮のみをむいて、切り分けてから食べるとよい。果肉は甘酸っぱい。

栽培のポイント：寒冷地では冬の落果が多いので不向き。夏ミカンなどの受粉樹があるとよい。

はるか 難易度 ★★☆

収穫：２月　**果重**：200g

特徴：ヒュウガナツと夏ミカンの交配種。果皮はゴツゴツしているが、酸味が少なく上品な甘みで後味さわやか。ヒュウガナツと同じ方法かオレンジのように切り分けて食べるとよい。

栽培のポイント：気候が温暖で、水はけのよい土壌を好む。

キミカン 難易度 ★★☆

収穫：２月下旬～４月中旬　**果重**：70～100g

特徴：別名ゴールデンオレンジ、黄金柑。ユズに由来する柑橘だと考えられている。果実はゴルフボールくらいの大きさで鮮やかな黄色。果皮はややかたいが手でむける。果肉は甘くジューシーで、さわやかな酸味と香りがある。

栽培のポイント：病気に強く、実つきがよいので家庭でも育てやすい。

カワチバンカン（河内晩柑） 難易度 ★★☆

収穫：２月下旬～４月下旬　**果重**：400～500g

特徴：ジューシーオレンジ、美生柑《みしょうかん》、宇和ゴールド、愛南ゴールド、天草晩柑などの多くの別名のほか、和製グレープフルーツの異名をもつ。２～４月に収穫後、酸味が抜けるまで室内で保存するとよい。ブンタンの仲間とされることも多いが、本書では雑柑類《ざっかんるい》とした。

栽培のポイント：寒さに弱いので、温暖地で育てるとよい。

シトロン類

ミカン類、ブンタン類と並んで柑橘の基本種といわれる柑橘。日本ではなじみがなく、ブッシュカンが少数栽培されている程度だが、ヨーロッパや中東などでは今でも栽培されている。香りが強くて果皮が厚く、葉が大きいのが特徴。

シトロン

難易度 ★★★

収穫：12月上旬～３月下旬　**果重**：100 ～ 5000g

特徴：果皮が厚くて香りがよいのが特徴。大きさは種類によってさまざま。果肉に強い酸味と苦みがある。果実は砂糖漬けや飲料に利用され、果皮からはエッセンシャルオイルが得られる。

栽培のポイント：寒さに弱く温暖地での栽培に向く。

ブッシュカン（仏手柑）

難易度 ★★★

収穫：12月上旬～３月下旬　**果重**：200g

特徴：果実が人の指のような形をしており、仏様の手に見立てて名づけられた。果肉がほとんどないので生食には向かず、砂糖漬けなどに利用することもあるが、仏様の手に似ていることから、縁起物として正月飾りなどに利用されることが多い。

栽培のポイント：寒さに弱く温暖地での栽培に向く。

カラタチ類

カラタチ属の柑橘の総称。葉が3枚に分かれて、冬にすべて落葉するという柑橘では珍しい特徴をもつ。主に種子から得られた実《み》生苗《しょうなえ》（112ページ）を台木として利用する。カラタチの変異種のヒリュウやウンリュウを台木に使うと低木化しやすい（わい性）。

カラタチ

難易度 ★★★

収穫：11月上旬～ 12月下旬　**果重**：30 ～ 40g

特徴：ゴルフボールくらいの小さな果実をつけるが、酸味が強くて生食には向いていない。台木(116ページ)の利用が盛んなほか、鋭いトゲを生かして古くから生垣などに利用されてきた。

栽培のポイント：鋭いトゲがあるので注意。

キンカン類

キンカン属の柑橘の総称。柑橘のなかで最小クラスの果実をもつ仲間で、種類も豊富。果皮に甘みがあり、果実を丸ごと食べる。ほかの柑橘に比べて横に広がりやすくて大木になりにくい。実つきも比較的よいので家庭でも育てやすい。

家庭でも育てやすいキンカンの仲間

ニンポウキンカン（寧波金柑） 難易度★★★

収穫：12月上旬～３月上旬　**果重**：12～16g

特徴：キンカンの代表的な品種としておなじみ。果皮には甘みがあり、果肉は酸味が強いので、通常は果実を丸ごと食べる。種子は多く入る。

栽培のポイント：苗木１本でも実つきがよく、比較的大木になりにくいので育てやすい。

オオミキンカン（大実金柑） 難易度★★★

収穫：12月中旬～３月上旬　**果重**：30～40g

特徴：ミカン類との交配種とされる。通常のキンカンより果実が一回り大きいが、酸味が強く食味はよくないので、生食するよりも砂糖漬けや果実酒に利用するとよい。

栽培のポイント：寒さや病害虫に特に強いので、家庭でも育てやすい。

ぷちまる 新品種 難易度★★★

収穫：１月上旬～３月上旬　**果重**：10～20g

特徴：キンカンの新品種で、最大の特徴は種子がほとんどなく食べやすいこと。やや熟期が遅いが、完熟するまで収穫を待つと食味がよくなる。

栽培のポイント：トゲが小さくて少なく、かいよう病やそうか病に強いので育てやすい。

マメキンカン 難易度★★★

収穫：12月上旬～３月上旬　**果重**：２g

特徴：金豆《きんず》ともよばれ、柑橘のなかではもっとも小さい果実がなる。種子が大きく果皮にほとんど甘みがないので、生食には向かない。盆栽など、観賞用として楽しむ品種。

栽培のポイント：実つきがよく、育てやすい。

香《こう》酸《さん》柑《かん》橘《きつ》

香りや酸味が強く、主に料理などに利用する柑橘の総称。20～35ページで紹介したミカン類やキンカン類などは血縁関係に基づいた分類法だが、香酸柑橘は利用方法に基づいた分類法である。レモンやユズなどトゲが大きい種類が多いので、管理作業のさいには注意が必要。

定番の王道レモン

リスボン

難易度 ★★★

収穫：10～12月　**果重**：100～140g

特徴：レモンの代表的な品種。果実は丸みのある楕円形で、果汁が多く酸味も強い。レモンのなかでは多少は耐寒性が強いとはいえ、寒さには注意。

栽培のポイント：枝が直立しやすいので、剪定《せんてい》でコンパクトに。

ユーレカ

難易度 ★★★

収穫：10～12月　**果重**：110～130g

特徴：リスボンと並ぶ定番品種。果実は丸みのある楕円形。果肉はやわらかく、果汁が多くてジューシー。寒さに弱く、耐寒気温は－３℃程度。

栽培のポイント：枝が横に広がりやすいので、コンパクトな木に仕立てたい人に向いている。

ビラフランカ

難易度 ★★★

収穫：10～12月　**果重**：130g

特徴：最大の特徴は、枝のトゲが小さくて少ないこと。果実のサイズや品質はリスボンと同程度。

栽培のポイント：ユーレカと同様に寒さに弱いので、温暖地で育てるか鉢植えにする。

マイヤーレモン

難易度 ★★☆

収穫：10～12月　**果重**：110～130g

特徴：別名グランドレモン。レモンとオレンジ（もしくはミカン類）の雑種といわれており、果皮はオレンジ色で薄く香りが強い。酸味が少なく多汁。

栽培のポイント：トゲが小さくて少なく、耐寒性も強いので家庭では育てやすい。

注目のレモン

璃《り》の香《か》 新品種

難易度 ★★☆

収穫：11～12月　**果重**：200g

特徴：リスボンとヒュウガナツを交配して育成されたレモン。純粋なレモンではなく、酸味や香りはほかのレモンに多少劣るが、寒さとかいよう病に特に強いのが最大のメリット。着色が早く、果皮が薄い。

栽培のポイント：寒さに強く家庭でも育てやすい。寒さでレモンが枯れたことがある場合にはおすすめ。

ピンクレモネード

難易度 ★★★

収穫：10～12月　**果重**：120g

特徴：葉と果皮に斑《ふ》があり、果肉はピンク色という珍しい品種で、近年人気が急上昇している。酸味がやわらかく、ほんのりとした甘みがあるので料理にも使いやすく、斑入りの葉は観賞用としても楽しめる。

栽培のポイント：ユーレカと同様に寒さに弱いので、温暖地で育てるか鉢植えにする。

レモネード

難易度 ★★☆

収穫：２～４月　**果重**：120～150g

特徴：「レモンなのに酸っぱくなくて甘い」ということで、近年注目を集めている品種。外観はレモンに似ているが、実際は純粋なレモンではなくレモンの類縁種と考えられる。1972年にニュージーランドから静岡県伊豆地域に導入されたといわれている。種子が少なく、果皮はむきやすい。

栽培のポイント：寒さに弱く温暖地で育てるとよい。

ポンテローザ：別名ジャンボレモン。果重が最大で500gになることもある。酸味はマイルド。

姫レモン：別名オタハイトレモン、赤レモン。果皮はオレンジ色で強い香りをもつ。主に観賞用。

ユズの仲間

ユズ（柚子）
難易度 ★★★

収穫：10月上旬～12月下旬　**果重**：100～150g

特徴：飛鳥時代～奈良時代に中国より渡来したといわれ、果汁は酸味が強く、風味づけとして利用される。柑橘のなかでもっとも寒さに強い（耐寒性－7℃）。種子がない多田錦（14ページ）もおすすめ。

栽培のポイント：枝が直立性で徒長枝《とちょうし》が発生しやすく、実つきが悪くなったり大木になりやすいので、誘引（96ページ）や剪定《せんてい》して対策をとるとよい。

ハナユ（花柚）
難易度 ★★★

収穫：12月　**果重**：40～60g

特徴：ユズの近縁種とされる。果実だけでなく、花にもよい香りがあることが名前の由来とされる。果実は小さく香りや酸味が弱いので、果実が商品として出荷されることは少ないが、実つきが非常によくて育てやすく、一才ユズという別名もある。

栽培のポイント：耐寒性があり育てやすい。黒点病《こくてんびょう》が発生しやすいので予防を徹底する。

スダチ（酢橘）
難易度 ★★★

収穫：８月中旬～10月中旬　**果重**：30～40g

特徴：徳島県の特産でユズの近縁種。さっぱりとした上品な香りと酸味がある。寒さに強く（耐寒気温－6℃程度）、庭植えにも鉢植えにも向く。実つきがよく、隔年結果はしにくい。

栽培のポイント：11月以降に黄色く色づくが、緑色の果実のほうが香りや風味がよいので、８～10月に収穫を終えるとよい。

カボス（臭橙）
難易度 ★★★

収穫：９月上旬～10月下旬　**果重**：100～150g

特徴：大分県の特産でユズの近縁種。果汁を香りづけに利用するほか、果皮も料理などに用いる。魚料理ともよく合う。果実が大きい大分１号や、種子の少ない祖母の香りなどの品種がある。

栽培のポイント：耐寒性が－６℃程度なので、関東地方以南の多くの地域では露地栽培が可能。スダチと同様に緑色の果実を収穫するとよい。

古くから親しまれる香酸柑橘

ヘベス（平兵衛酢）

難易度★★★

収穫：８～10月　**果重**：40～60g

特徴：江戸時代に宮崎県日向市で発見され、発見者の名前が品種の名前の由来となっている。果皮は緑色で、スダチと同様に果汁を利用する。スダチに比べると酸味がまろやかで、皮が薄くて果汁が多い。種子が少ないので、料理に使いやすい。

栽培のポイント：スダチと同様に、緑色の若い果実を収穫する。

ジャバラ（邪払）

難易度★★★

収穫：８～12月　**果重**：100～150g

特徴：江戸時代から和歌山県北山村などに分布するユズの近縁種。外観は若干温州《うんしゅう》ミカンに似ているが、食べると非常に強い酸味の後に苦みが残る。果汁が多いので搾って酢の代わりにしたり、ジャムなどに加工したりして利用する。

栽培のポイント：枝が直立性なので、ユズと同様の対策をとる。

シークワーサー

難易度★★★

収穫：10月上旬～12月下旬　**果重**：25～60g

特徴：沖縄に古くから自生する、別名ヒラミレモン。果実は小さいが種子は多い。酸味が強くさわやかな味わいで、ジュースなどの加工品としても利用される。

栽培のポイント：温暖な地域での栽培が向いているが、防寒対策（98ページ）をすれば本州での栽培も可能。

ダイダイ（橙）

難易度★★★

収穫：10月上旬～12月下旬　**果重**：180～250g

特徴：発祥はインドながら、古くから日本各地で鏡餅の上にのせたり正月用の飾りとして利用されてきた。果汁は香りがよく酸味が強いことから、酢と同じように利用されるほか、果皮はマーマレードなどにも。

栽培のポイント：寒さに強く家庭でも栽培しやすい。日当たりと水はけのよい場所に植えるとよい。

海外出身の香酸柑橘

ライム

難易度 ★★☆

収穫：10～11月　**果重**：50～130g

特徴：インドから東南アジアにまたがった広い地域で生まれた柑橘で、メキシカンライムやタヒチライムなどがある。酸味はレモンよりマイルドで、料理に利用したり、サイダーやお酒などに搾って入れたりする。

栽培のポイント：レモンと同様に寒さに弱いので注意が必要。

シキキツ（四季橘）

難易度 ★★☆

収穫：９～12月　**果重**：30～40g

特徴：東南アジアの各地に分布し、ミカン類とキンカンの交配種と推測されている。別名カラマンシー。果肉の酸味が強く、沖縄ではシークワーサーの代わりに使うこともある。花は四季咲き性で、温暖地では年間を通して果実がつくこともある。

栽培のポイント：日当りがよく水はけのよい場所を好む。寒さに弱いので温暖地での栽培に向く。

ベルガモット

難易度 ★★★

収穫：12月　**果重**：140g

特徴：イタリア原産で果肉には甘みがなくて食用には向かず、果皮から採取した精油をアロマオイルや香りづけに利用する。紅茶のアールグレイには、茶葉にベルガモットの精油が添加されている。

栽培のポイント：寒さに非常に弱いので、庭植えは温暖地のみにしてそれ以外は鉢植えで育てる。

フィンガーライム

難易度 ★★★

収穫：11～２月　**果重**：10～20g

特徴：オーストラリア原産で、小指サイズの果実がなる珍しい柑橘。果実を輪切りにして、果実を押すとなかから果肉の粒がはじけ、その粒を料理の香りづけなどに利用する。品種が多数あり、緑やピンクや赤など果実の色もさまざま。

栽培のポイント：鋭いトゲがあるので注意。寒さに非常に弱く、耐寒気温は５℃程度（ただし詳細は不明）。

2章 栽培準備

栽培を始める前に知っておきたいことをまとめています。特に柑橘を鉢植えで育てるか、庭植えで育てるかは、その後の管理の仕方も少し変わってくるのでよく検討してみましょう。

苗木の選び方

いよいよ本格的に柑橘栽培のスタートです。苗木の大きさの違い、いい苗木と悪い苗木の見分け方をしっかり確認し、柑橘ライフを満喫しましょう。

10～40ページを参考に、育てる柑橘が決まったら、次は苗木を選びます。

購入時期は3月と9～10月がおすすめ

柑橘の苗木は1年中流通していますが、なかでも3月、次いで9～10月に多く出回ります。植えつけの適期でもあるので、これらの時期に購入するのがもっともよいでしょう。購入後は、速やかに植えつけます（庭植えは3月のみ）。

ほかの時期に購入する場合は、無理に植えつけないで、植えつけの適期まで鉢やポットのままで育てたほうが無難です。どうしても植えつけたい場合は、根を切り詰めず、なるべく傷をつけないように注意して植えつけることが重要です。それでも、猛暑の7～8月と厳寒期の1～2月中旬は植え傷みしやすいので、避けましょう。

店頭や通信販売で購入

柑橘を家庭で育てる場合は、園芸店やホームセンターなどで苗木を購入するのが気軽で一般的な方法です。特に後述する大苗《おおなえ》は、大きさや枝分かれの位置、果実の有無などが重要なため、細かい点まで確認する必要があります。これらの店では、自身の目で見て、気に入った苗木を直接選ぶことができます。

最近では、苗木専門店や種苗会社などのカタログ・通信販売やインターネット販売などのシェアが拡大しています。種類や品種、台木などにこだわりがある場合は、特におすすめです。多くの業者が、質問や相談に電話やメールなどで答えてくれるので、対面販売でなくてもサポート面が充実しており、苗木を自宅まで運ぶ手間が省けるので人気です。

苗木の大きさと種類～棒苗《ぼうなえ》と大苗～

柑橘は多年生で、流通する苗木の大きさや樹齢もさまざまですが、棒苗と大苗に大別できます。

棒苗は1～2年生の苗木で、1～2本の枝が直立しているものが多くあり、安価で流通量が多く、いろいろな仕立て（54ページ）に対応できます。

大苗は3年生以上で、無数に枝分かれをしています。初収穫までの期間が短く、実つきのものもあります。一般的に棒苗は庭植えに、大苗は鉢植えで利用される傾向にあります。

▲（左）大苗。（右）棒苗。

よい苗木の見分け方

苗木を自身で選ぶさいには、まずは葉の色と数に注目します。全体的に葉の緑色が濃く、量が多いのがよい苗木です。逆に、全体的に葉の色が黄色で、数が少ない苗木は生育が悪い苗木といえます。

大苗で果実がついている苗木でも、果実よりは葉の状態に注目するとよいでしょう。また、病害虫の兆候（108～109ページ）がある苗木は避けます。

特に株元の枝に触れてぐらぐらする場合は、コガネムシ類の幼虫などの被害にあっているか、根量が少ない可能性が高く、植えつけ後、すぐに枯れてしまう恐れもあるので、確認が必要です。

▲（左）よい苗木の例。（右）悪い苗木の例。

鉢植えと庭植え、どちらを選ぶ？

柑橘は庭植え、鉢植を問わず栽培できます。それぞれのメリットとデメリットを知って、どちらにするか選びましょう。最近は鉢植えが人気です。

鉢植えの特徴

実つきがよい
枝葉の生育が抑えられ、実つきがよくなる（次ページのコラム参照）。

コンパクトに育つ
庭がなくても育てられ、木がコンパクトに育つ。

初結実までの年数が短い
庭植えに比べて初結実までの年数が短くなる傾向にある。

寒さに弱い果樹でも育てられる
冬だけ室内などに、鉢植えごと移動できるので、寒さに弱い柑橘でも育てることができる。

収穫量が少ない
木が小さいので、庭植えに比べて収穫量が少ない傾向にある。

水やりが頻繁に必要
根が少なく乾きやすいので、夏は毎日のように水やりをする必要がある。

植え替えが必要
２～３年すると鉢の中が古い根ばかりになって根詰まりを起こすので、植え替え（100ページ）が必要。

すべての柑橘は、鉢植えと庭植えのどちらでも育てることができます。それぞれのメリットとデメリットを見極めて、自身の生活スタイルに合ったほうを選ぶとよいでしょう。

鉢植えはコンパクトに育ち、実つきがよく、初めて結実する（初結実）までの年数が短いのが最大のメリットです。また、冬だけ室内などに取り込めば、耐寒性の弱い柑橘でも育てることができます。ただし、水やり（１０３ページ）や植え替え（１００ページ）が頻繁に必要です。

庭植えは、収穫量が多く、水やりや植え替えの手間がかからないというメリットから、柑橘を楽しむ定番となっています。一方、大木になりやすく、初収穫までの年数が長いのがデメリットです。また、寒さへの対応がしにくいので、耐寒性が弱い柑橘（16ページ）は枯れてしまうリスクが高いのも難点です。

●庭植えの特徴

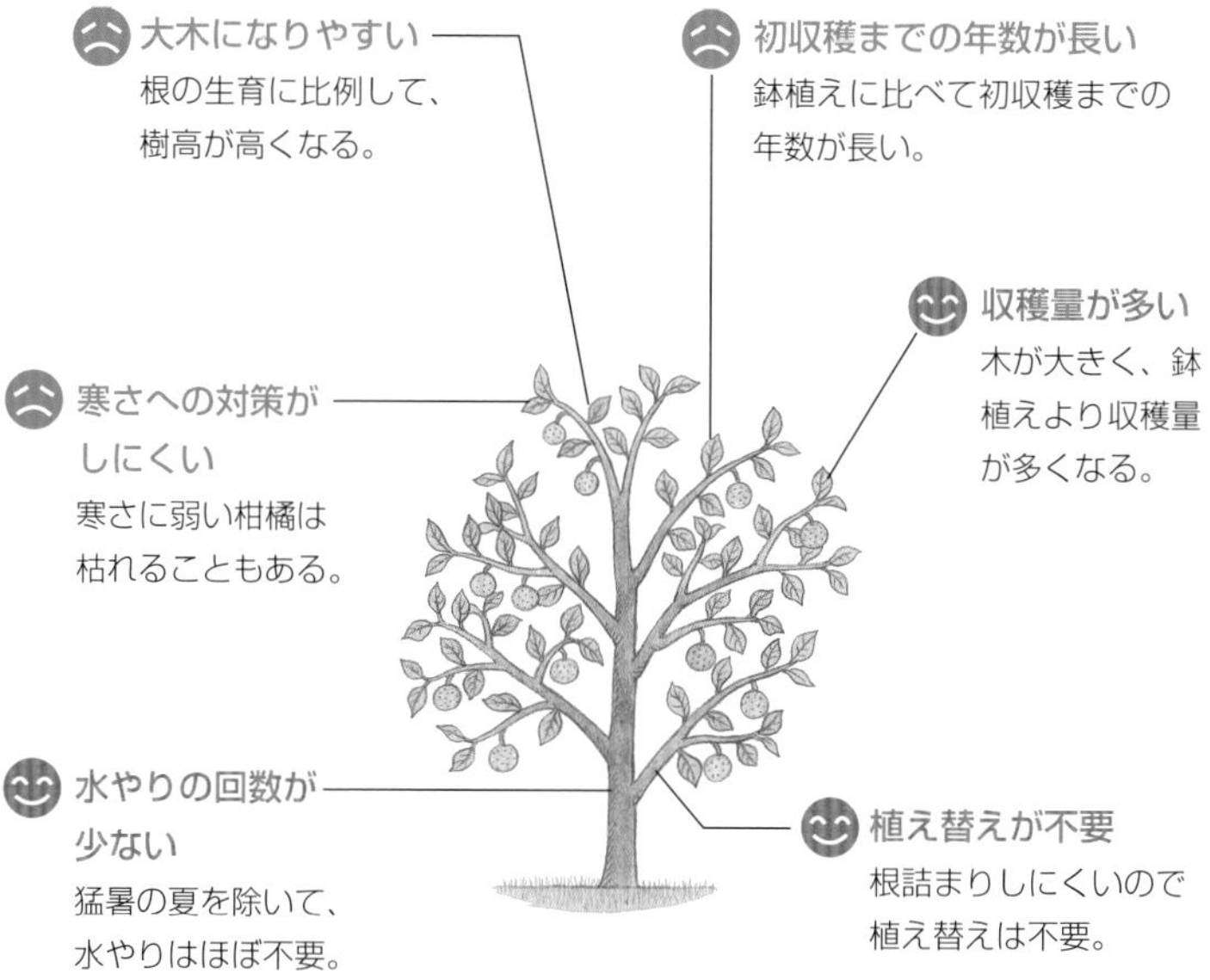

コラム

鉢植えは実つきがよい

柑橘に限らず樹木全般は、枝葉の生育が盛んになりすぎると、養分の大半が枝葉の生育に消費されて花や果実には回らなくなり、花つきや実つきが悪くなる傾向にあります。根と枝葉の生育は連動していますが、根が伸びる余地が大きい庭植えは、枝葉の生育も盛んになりやすいので、実つきも悪くなりがちです。一方、根の生育が制限されている鉢植えは、根の生育とともに枝葉の生育も制限され、実つきがよくなる傾向にあります。

初結実までの年数は、棒苗《ぼうなえ》を植えつけた場合、庭植えでは4～6年程度ですが、鉢植えでは3～5年程度と短くなります。これも実つきと同じ原理で説明できます。植えつけ後、木は次世代（果実や種子）を残すより、自身の体（枝葉）を充実させることを優先します。そのさい、根の生育が制限されている鉢植えのほうが、枝葉の生育が落ち着くのが早く、花や果実に養分を早く回せるので、初結実までの年数も短くなるのです。

鉢への植えつけ

鉢に植えつけるときに必要な苗木や道具などの選び方や具体的な植えつけの手順をご紹介します。苗木などを厳選し、正しい方法で植えつけをしましょう。

植えつけ適期は春と秋

2月下旬~3月が適期です。加えて鉢植えでは、冬に寒さの影響のない室内に取り込むのであれば、9~10月に行ってもよいでしょう。

鉢植えでは次のものが必要となります。特に重要な❶苗木、❷鉢、❸用土、❹鉢底石《はちぞこいし》については詳しく解説します。

▲❶苗木、❷苗木より一回り大きな鉢（6～8号程度）、❸用土、❹鉢底石、❺移植ごてや土入れ、❻剪《せん》定《てい》ばさみ、❼ガーデングローブ。苗木の状態によっては、支柱や固定する麻ひもなども必要。

苗木は大苗がおすすめ

鉢植えの苗木としては、購入した鉢のままでも育てられ、初結実も早い大苗《おおなえ》のほうが棒苗《ぼうなえ》よりもおすすめです（43ページ）。大苗を選ぶさいには、なるべく株元に近い部位からまんべんなく枝分かれしている苗木のほうが、果実がなるスペースが増え、コンパクトに仕立てることができます（左写真）。

▲（左）上のほうから枝分かれが始まっていて、庭植えに向いている大苗。（右）株元に近い部位からまんべんなく枝が発生し、鉢植えに向いている大苗。

鉢は軽めのものを

材質の違いによって、プラスチック鉢、素焼き鉢、陶器鉢などに分けられます。最近では、軽くて丈夫で、外観も優れた樹脂鉢も出回っています。鉢植えの柑橘は寒さ対策で冬に移動させることがあるので、軽いプラスチック鉢や樹脂鉢などがもっともおすすめです。

また、プラスチック鉢の一種として、鉢の底にスリット(切れ込み)が入ったスリット鉢も広く出回っています。切れ込みがあるため水はけがよく、ほかにも根が不必要に巻きにくくなるような構造上の工夫が施されており、植えつけ後の生育がよいと評判ですので試してみてください。

形としては、直径と高さがほぼ同じの普通鉢が一般的です。大きさとしては、移動が容易でコンパクトに仕立てられる6~10号（直径18~30㎝）程度がおすすめです。縁が丸い形の鉢のほかに、四角い形の鉢や横長の形のプランターなどを用いてもよいでしょう。

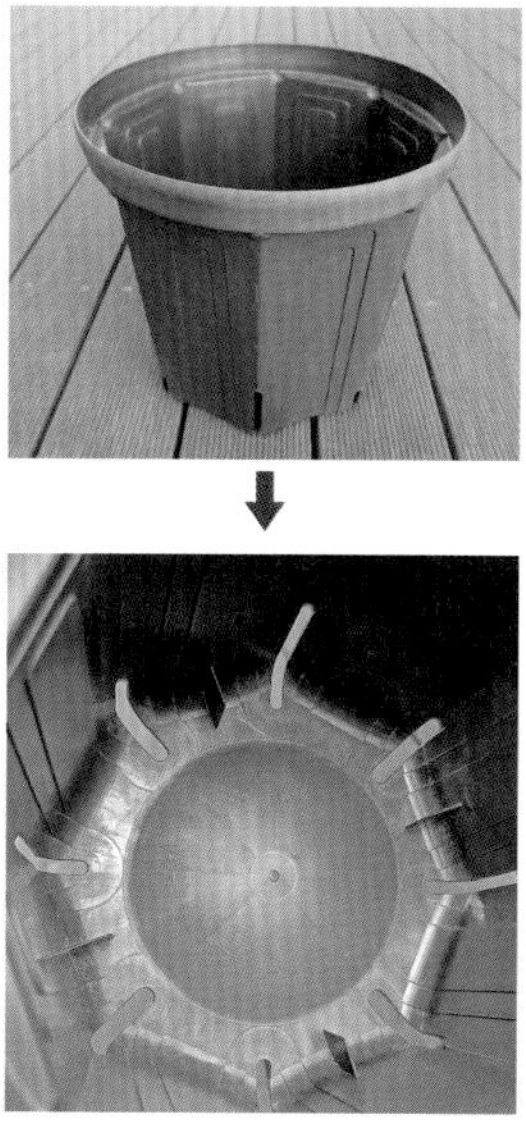

▲スリット鉢。鉢底に切り込みが入っているため水はけがよく、根も不必要に巻きにくい。

▲樹脂鉢。プラスチック鉢より頑丈で、おしゃれな外観をもつ。

▲プラスチック鉢。軽くて安価でもっとも流通量が多い。

▲陶器鉢。素焼き鉢の外側に釉《ゆう》薬《やく》をかけて高温で焼いた鉢で、素焼き鉢とほぼ同じ性能。

▲素焼き鉢。重くて高価だが、多孔質《たこうしつ》で通気性や吸水性に優れる。

用土は市販のものを購入

庭土や畑土《はたつち》を改良して利用してもよいのですが、雑草が繁茂しやすく、水はけが悪くなりやすいのであまりおすすめできません。なるべく市販の用土を購入して使用しましょう。もし入手できれば、「果樹・花木用の土」が最適で、そのまま利用できます。入手できなければ、「野菜用の土」と鹿沼土小粒を7：3になるように混ぜて利用します。なお、これらの用土は柑橘に適した弱酸性（pH5.5〜6.0）なので、酸度の調整が不要です。

◀「果樹・花木用の土」がもっとも手軽。

▲（左）「野菜用の土」：鹿沼土＝7：3の状態。
（右）混ぜ合わせた後。

鉢底石は軽いものを

鉢底石とは、鉢の底に入れる大粒で軽い石のことです。鉢には排水のための穴があいており、用土を直接入れると水やりのたびに用土が流れ出ることがあります。しかし、鉢底石を入れるとフィルター効果で用土の流出を減らすことができます。また、水はけをよくする効果があるほか、鉢底で根が過度に巻いて生育が悪くなるのを防ぐ効果も期待できます。鉢底に3㎝程度敷き詰めるとよいでしょう。ただし、前述のスリット鉢（47ページ）や鉢底に網状のすのこが敷いてある鉢では不要です。

◀軽い鉢底石がおすすめ。

▲底に網状のすのこが敷いてある鉢。

●鉢への植えつけの手順

1 46ページの道具を用意。苗木を倒し、鉢底の穴から根が飛び出ていたら切り取る。鉢を叩いて振動を与えながら、苗木を取り出す。

2 根を軽くほぐす。太い根があるようなら、軽く切り詰めて、新しい根の発生を促す。適期に切り詰めれば、木が傷むことはない。

3 一回り大きな鉢に、鉢底石を3cm程度の深さまで入れる（不要な場合もある）。

4 用土を5～10cm入れ、苗木を入れてみて、苗木の表面の土の高さが鉢から3cm程度下にくるように高さを調整する。

5 用土を入れる。接《つ》ぎ木《き》部分（こぶ状に膨らんだ部分）が土で隠れると、穂《ほ》木《ぎ》から発根して樹勢が強くなり、実つきが悪くなることがあるので注意する。

6 棒苗の場合、必要に応じて支柱を立てる。大苗の場合、基本的に支柱は不要。完成したら、水をたっぷりやる。水をやって用土が沈んで、鉢土の表面がへこむようなら用土を足すとよい。

庭への植えつけ

庭に柑橘を植えつける場合、もっとも適している時期は1年のうちの1か月ほどです。この時期を逃さないように、土づくりなどの準備を進めましょう。

植えつけ適期は2月下旬〜3月下旬

根の生育が緩慢で、寒さによる植え傷みのリスクが少ない時期が植えつけの適期となります。根の生育が緩慢な時期は11〜3月ですが、11〜2月中旬は寒さによって根や枝葉が傷む可能性があるので、2月下旬〜3月下旬までが柑橘の植えつけの適期となります。3月下旬でも寒害の恐れがある地域では、4月頃の萌芽《ほうが》前までに植えつけるとよいでしょう。

植える場所は日当たりと水はけで選ぶ

日当たりがよく、水はけのよい場所に植えると実つきがよくなり、品質のよい果実が収穫できます。逆に、日当たりや水はけが悪く、強風が当たりやすくて冷気がたまりやすい場所は寒さで徐々に生育が悪くなるので、なるべく避けたほうがよいでしょう。

植え穴の準備

植える場所が決まったら、植えつけ1〜2か月前に、植え穴を掘ります。直径100㎝、深さ75㎝が目安です。体力的に難しくても、直径70㎝、深さ50㎝は確保しましょう。

実際に苗木が埋まる範囲より広く掘り返すのは、将来的に根が伸びる部分の土を、物理的・化学的に好適な条件にするためです。穴を掘ったら、有機物の施用と、土壌酸度の測定・調整（52ページ）を行います。

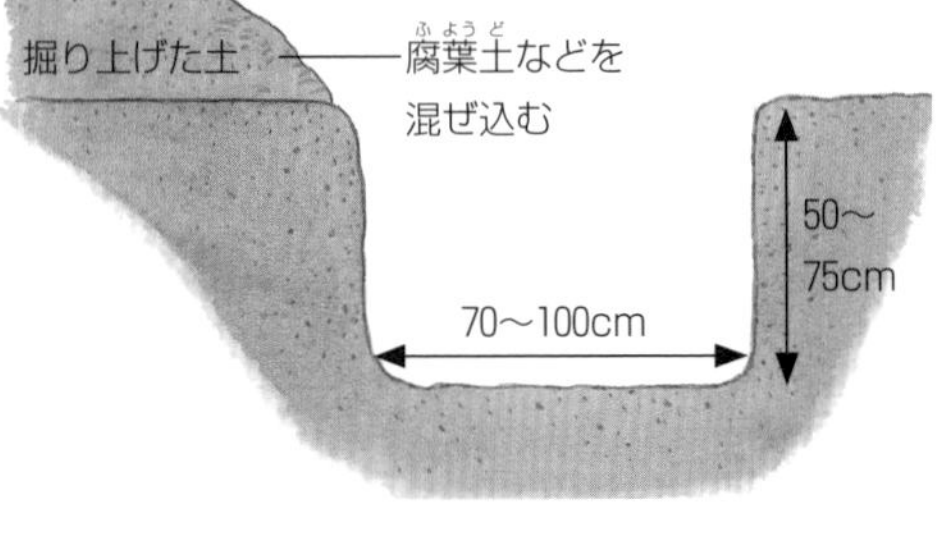

有機物の施用

　掘り返した土には、腐葉土や堆肥など有機物を混ぜ込みます。この有機物には、肥料分というより、土をふかふかにして細根を張りやすくし、水はけをよくして物理性を改善する目的があります。腐葉土でも堆肥でも、直径100cm・深さ75cmの植え穴なら48〜60ℓ、直径70cm・深さ50cmの植え穴なら16〜20ℓを混ぜ込みます。

　なお、植えつけ時にヨウリンや化成肥料などの肥料を大量に混ぜ込む指導をする場合もありますが、大量の肥料の影響で新根が傷んだり（肥料やけ）、根や枝葉が無駄伸びする恐れがあるため、本書では植えつけ時の過度な施肥《せひ》は推奨していません。

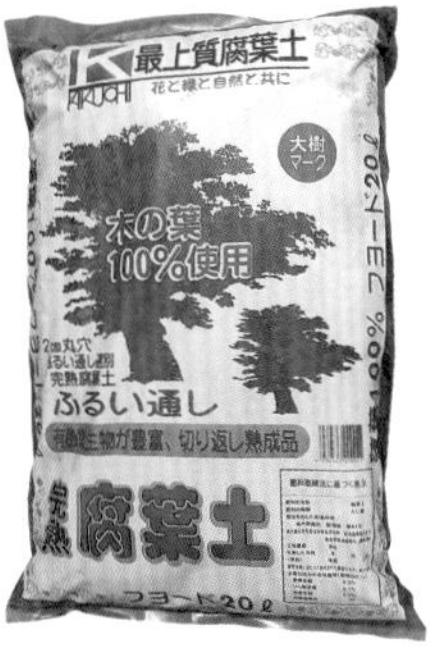

▲腐葉土などを混ぜ込むと土の物理性が改善する。

コラム

肥料やけとは?

　肥料は、やればやるほど木の生育がよくなると思われがちです。しかし実際には、与えすぎると土の肥料分の濃度が高くなり、浸透圧の影響で根の水分が奪われ、いくら水をやってもしおれてしまうことがあります。原理としては塩漬けキュウリと同じで、肥料が塩、根がキュウリと置き換えるとわかりやすいでしょう。この現象を「肥料やけ」といいます。特に、化成肥料などの成分割合が高い肥料を用いるさいには、注意が必要です。

　有機質肥料が多い場合では、肥料やけはしにくいですが、深植えによる根の酸素不足や過湿で木が傷みます。

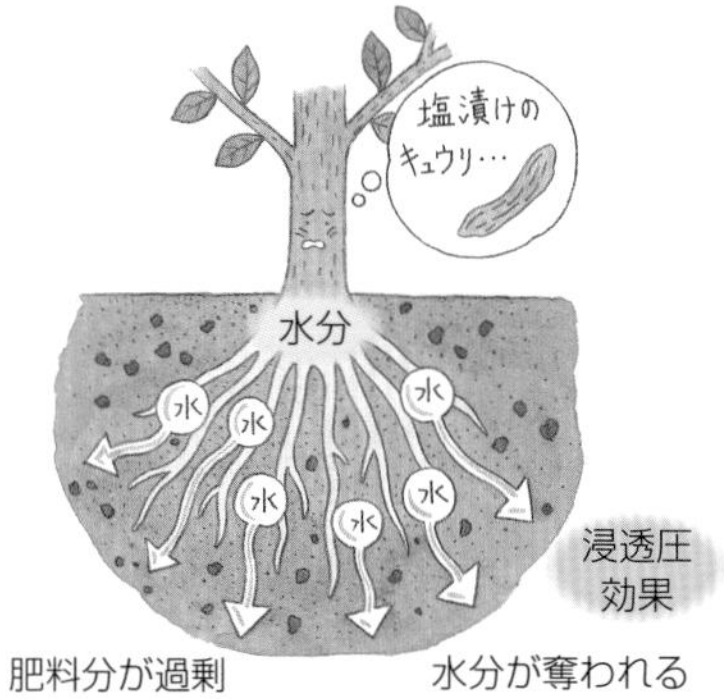

土壌酸度の測定・調整

柑橘の根は弱酸性、pHでいえば5.5～6.0程度の土を好みます。このため、植えつける場所の土の酸度が、pH5.5～6.0から離れるほど、木の生育が悪くなります。必須の作業ではありませんが、掘り上げた土の酸度を市販の測定キットや酸度計を用いて測定し、5.5～6.0から前後に1.0以上はずれていた場合は、調整するとよいでしょう。

土壌pHを高くする（中性に近づける）場合は、石灰を用います。消石灰や苦土《くど》石灰《せっかい》が市販されていますが、マグネシウムを含み、作用が穏やかな苦土石灰がおすすめです。一般に1㎡の土のpHを1.0上げるのに必要な苦土石灰の目安は、300g程度です。

反対に土壌pHを低くする（酸性に近づける）場合は、インターネットなどで入手可能な硫黄華《いおうか》を利用します（ピートモスは柑橘には不向き）。1㎡の土のpHを1.0下げる目安は、200g程度です。

どちらかを混ぜ込んだら、直後に再びpHを測定して、5.5～6.0の範囲になるまで調整を繰り返します。

◀市販の酸度測定キット。水に土を溶かし、うわずみ液に測定液を加える。

▲硫黄華はあまり流通していないので、インターネットなどを利用して購入するとよい。

▲苦土石灰などを混ぜ込んでから土になじむまでに時間がかかるので、植えつけより1～2か月前に行うのが理想的。ただし植えつけの直前に行っても大きな問題はない。

◀家庭園芸用に市販されている酸度計。土壌に挿して計測する。

●庭への植えつけの手順

1 50ページを参考に植えつけの1～2か月前に植え穴を掘り、埋め戻す。必要に応じて酸度測定・調整を行う。写真の土の色が変わっている部分は1か月前に準備した穴の跡。苗木やシャベル、支柱などを用意する。

2 土がなじんだら、準備して埋め戻した場所に再び穴を掘る。すでに土がやわらかくなっているので、苗木の根が埋まる程度の広さや深さの穴を掘ればよい。準備が1～2か月前にできなければ、**1**～**2**を一緒に行ってもよい。

3 苗木の根をほぐし、太い根は先端を切り詰めて、新しい根の発生を促す。植えつけの適期に行えば、根を切り詰めても苗木が傷むことはない。

4 苗木を植え穴の真ん中に置き、土を戻して植えつける。接《つ》ぎ木《き》部(こぶ状に膨らんだ部位)が隠れると樹勢が強くなり、実つきが悪くなることもあるので、深く植えすぎないよう注意。

5 棒苗《ぼうなえ》の場合は、枝の先端を仕立て方に応じて切り詰める（54ページ）。大苗《おおなえ》の場合は、90～96ページを参考にして剪定《せんてい》する。その後、支柱を立てて苗木を固定する。

6 水をたっぷりやる。水をやることで株元の地面がへこんだら、平らになるようにならす。

代表的な仕立て方

木の姿や形を意識して仕立てることで、管理作業がしやすい木になり実つきがよくなります。幼木の頃から理想的な姿や形に仕立てましょう。

仕立てとは、植えつけ後に枝を剪定《せんてい》・誘引《ゆういん》して木を目標の形に近づけることです。柑橘では、鉢植え、庭植えともに次の2つの仕立て方が向いています。

変則主幹形《へんそくしゅかんけい》仕立て

柑橘の自然な状態に近い形に木を仕立てる方法です。植えつけから数年間は軽い剪定を行い、木が高くなったら芯を止めてコンパクトにします。何年間か剪定をしないで放任していた木でも途中から採用できるので、家庭ではおすすめです。

▲植えつけ時に苗木を軽く切り詰めて、変則主幹形に仕立てたレモンの鉢植え。

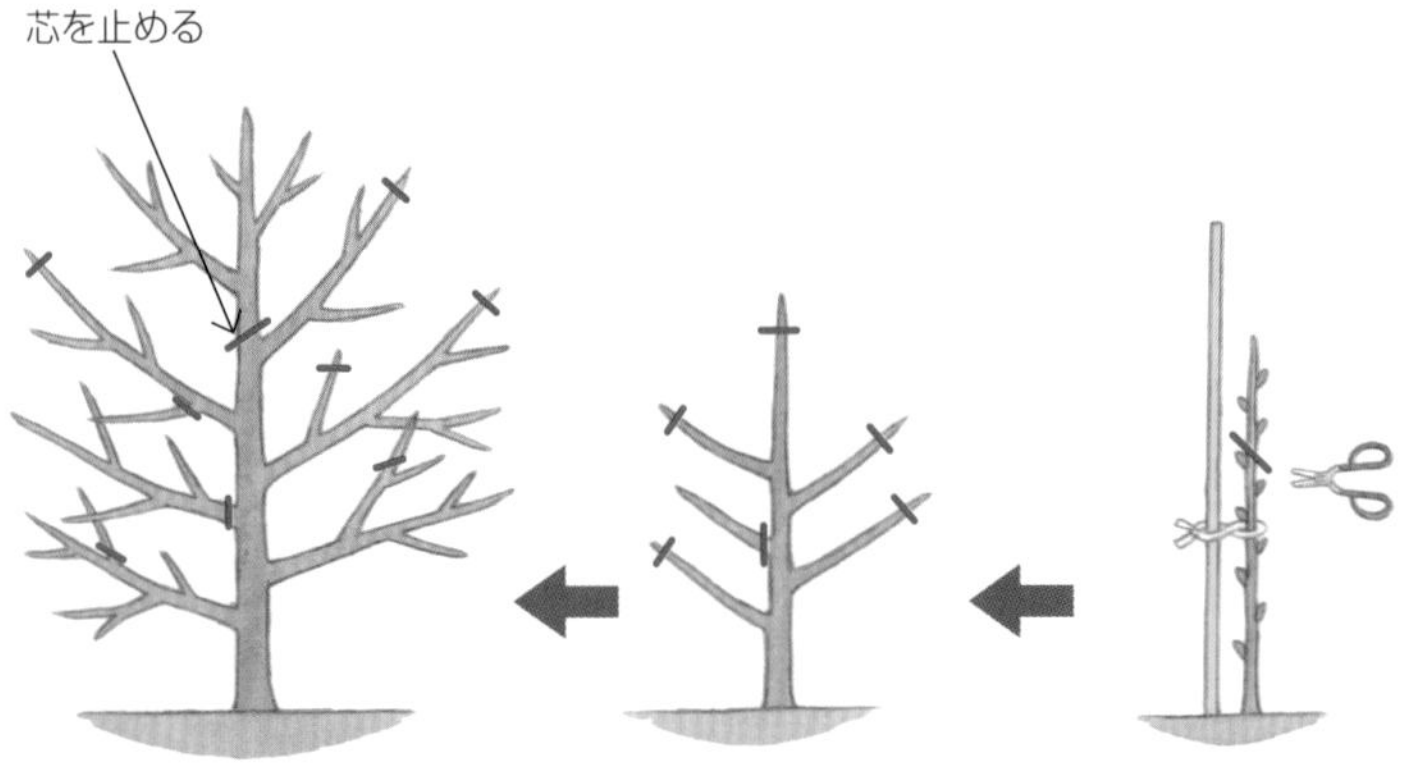

植えつけ時

棒苗《ぼうなえ》は、枝の先端を軽く切り詰めて、充実した枝の発生を促す。大苗《おおなえ》は次の「2～3年目」を参照。

2～3年目

混み合った部分の枝はつけ根から間引き、長い枝は先端を切り詰めて、木の拡大をはかる。

4年目以降

引き続き、枝の間引きや切り詰めを行う。樹高が高くなってきたら、木の先端を分岐部まで切り戻して（芯を止めて）、上方向への生育を抑える。

開《かい》心《しん》自《し》然《ぜん》形《けい》仕立て

放任状態だと大木になりやすい柑橘の木を、幼木の頃から管理作業がしやすいコンパクトな状態に維持する仕立て方です。植えつけ時に棒苗の枝の先端を切り詰めて2〜4本の枝を発生させ、誘引などによって枝が直立しないような工夫を施すのがポイントです。

変則主幹形仕立てに比べて樹高を低くできるため、多くの生産農家が採用しています。ただし、何年か放任した木をこの仕立てにするのは難しく、若木の頃から計画的に仕立てる必要があります。

▲株元付近で３本に枝分かれさせて、開心自然形に仕立てたレモンの鉢植え。

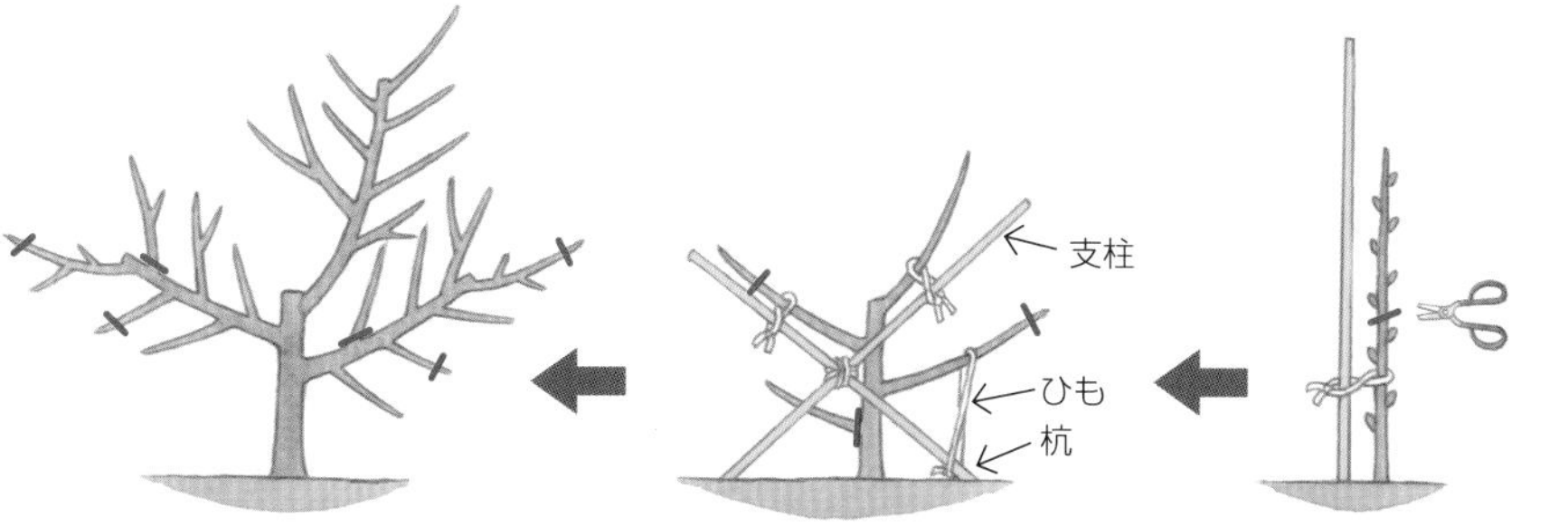

植えつけ時

棒苗は庭植えなら接ぎ木部（49ページ）から30〜50cmで、鉢植えなら20〜30cmで切り詰めて、充実した枝の発生を促す。
大苗は次の「２〜３年目」を参照。

２〜３年目

発生した枝のなかから２〜４本を選んで残し、それ以外はつけ根で切り取る。支柱や地面に打った杭、鉢の縁などを利用して残した枝を斜め〜横方向に誘引して、ひもで固定する（96ページ）。

４年目以降

残した２〜４本の太い枝から枝を発生させて果実をならせる。真上に伸びる枝はなるべくつけ根から切り取り、樹高を低く維持する。

コラム

果実をうまく保存するには

収穫した新鮮で無傷な果実は、室内で1か月程度は日もちしますが、2～4か月保存したい場合は、次の①～②に注意するとよいでしょう。

①傷がある果実は保存しない

病害虫やトゲ、はさみなどによって傷がついた状態の果実は、その傷を中心にカビや腐敗が進み1週間程度でだめになってしまいます。すぐに食べましょう。

②ポリ袋に入れて冷蔵庫で保存

保存中に果実が乾燥しすぎると、ジューシーさがなくなり食味が悪くなります。理想的な保存湿度、85～90％を家庭で再現するには、ポリ袋に入れるとよいでしょう。まとめて入れるより、1個ずつ果実を入れる個装（右下写真）のほうが日もちします。

ポリ袋に入れたら、冷蔵庫に入れます。保存温度が低すぎると果皮が低温で傷む場合があるので、品種によって冷蔵庫の入れる場所を工夫します（下図）。

●冷蔵庫での保存位置

室内の涼しい所（10℃）　タンカンなど

※温度は目安。メーカーや設定温度によって多少異なる。

●ポリ袋に入れて湿度を保つ

▲（左）大きいポリ袋にまとめて入れた場合、多くの果実がまとめてだめになりやすい。定期的に果実を拭くとよい。（右）個装した場合、手間がかかるが、格段に日もちがよい。

3章
12か月の栽培管理

月ごとにやっておきたい作業をまとめています。時期に合わせて適切な管理を行うことが、おいしい果実を収穫するコツです。柑橘は毎月何かしらが収穫できます。育てている柑橘の収穫適期を逃さないようにしましょう。

柑橘の1年間の生育サイクルと主な管理をまとめました。種類や品種が多彩な柑橘ですが、収穫時期以外の生育サイクルは共通している部分が多く、月ごとにするべき作業は大きくは変わりません。

7月	8月	9月	10月	11月	12月
新梢の伸長（夏枝）		新梢の伸長（秋枝）			
開花（キンカン、レモンなど）		開花（レモンなど）		花芽分化	
			着色・成熟		
					耐寒気温を下回らない場所
毎日			2日に1回	3日に1回	5日に1回
10日間、降雨がなければたっぷり			極端に乾燥しなければ必要ない		
		施肥（温州ミカンなどを除く）		施肥	
		植えつけ、植え替え（鉢植えのみ）			
夏季剪定（夏枝の切除）		（秋枝の切除）			
摘果					
バレンシアオレンジ	スダチ	カボス 極早生温州	早生温州	中生温州 レモン	晩生温州 ユズ
	台風対策			防寒対策	

生育サイクルと主な管理作業

		1月	2月	3月	4月	5月	6月	
生育の様子				新梢の伸長（春枝）				
生育の様子		花芽分化				開花 （キンカン以外）		
生育の様子							果実肥大	
置き場（鉢植え）		耐寒気温を下回らない場所		日当たりのよい戸外				
水やり	鉢植え	7日に1回		3日に1回	2日に1回			
水やり	庭植え		極端に乾燥しなければ必要ない					
肥料	鉢植え・庭植え		施肥				施肥	
主な作業			植えつけ、植え替え （鉢植え・庭植え共通）					
主な作業			剪定					
主な作業		収穫 イヨカン キンカン ブンタン	はるみ	せとか ブラッドオレンジ	清見 夏ミカン	ヒュウガナツ	イエローポメロ	
主な作業		防寒対策						
主な作業				播種、接ぎ木				

4月

ここに注目

❶春枝の萌芽

▲レモンの春枝。手前には赤紫色の春枝が発生し、その奥には紫色の花蕾が見える。4月に発生する春枝は、夏枝《なつえだ》や秋枝《あきえだ》に比べて果実がつきやすい。

4月に収穫できる柑橘

夏ミカン

→32ページ

萌芽《ほうが》して春枝《はるえだ》が伸び始めると、柑橘の1年の生育がスタートします。中旬頃には花蕾《からい》がはっきりとわかるようになります。枝葉はまだやわらかいので、病害虫には注意が必要です。

収穫 (78ページ)

夏ミカン、清見《きよみ》、津之《つの》香《かおり》などが収穫適期を迎えます。これらの柑橘は、前年の12月頃には完全に色づいていますが、その時点では酸味が強く、酸味が抜ける4月まで木にならせておきます。酸味が抜けたら収穫適期なので、4月に味見をして収穫のタイミングを判断します。寒冷地では越冬中の寒さで果実が傷むので、年内に収穫して酸味が抜けるまで室内で保存してもよいでしょう(56ページ)。収穫が完了したら速やかに剪定《せんてい》します。

植えつけ (鉢植え46ページ、庭植え50ページ)

寒冷地や、前月の3月に植えつけを忘れた場合は、なるべく上旬までに植えつけましょう。萌芽後に植えつけると木が傷む恐れがあります。

②そうか病

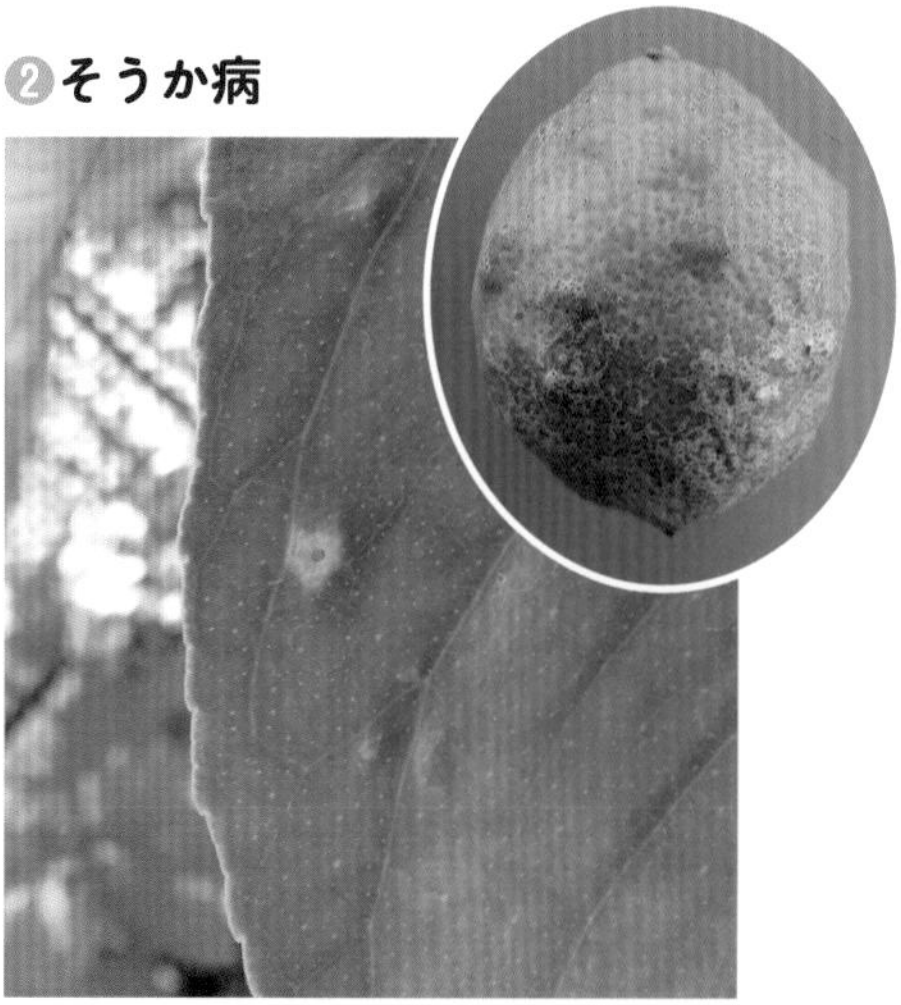

▲そうか病の被害にあった葉と果実（右上）。4～5月に雨が多いと感染しやすい。実際に症状が現れるのは主に7月以降。

③アブラムシ類

▲発生したばかりのやわらかい葉が狙われやすい。特に葉の裏を注意深く観察して、見つけしだい、捕殺するとよい。

鉢植えの植え替え（100ページ）

植えつけ同様、上旬までには終わらせます。

剪定（90ページ）

春枝の萌芽前に終わらせます。

播種《はしゅ》（113ページ）接《つ》ぎ木《き》（116ページ）

播種（種まき）と接ぎ木の適期です。

病害虫対策（106ページ）

枝葉や果実がそうか病に感染すると、イボ状やカサブタ状の突起が発生します。毎年多発する場合は予防の殺菌剤（110ページ）を散布します。

また、枝葉がやわらかく、アブラムシ類やアゲハ類など害虫の被害にあいやすい時期なので、葉の裏まで観察して見つけしだい、捕殺するか、水で洗い流します。手に負えないほど発生したら、農薬登録のある殺虫剤（110ページ）を散布するとよいでしょう。

5月

5月に収穫できる柑橘

ヒュウガナツ（日向夏）

→33ページ

ここに注目

❶開花

▲開花中のユズ（上）とレモン（下）。種類によって花の色や形が違う。ユズの花蕾《からい》は白色だが、レモンは紫色。

キンカンを除く、ほぼすべての柑橘が開花する時期です。甘い香りが一面に漂い、ミツバチなどの昆虫も集まります。

収穫 （78ページ）

ヒュウガナツ、南津海《なつみ》、メイポメロなどが収穫適期です。1～7月が収穫適期の柑橘と同様に、酸味が抜けたら収穫します。寒冷地では、年内に収穫し、室内で酸味が抜けるまで保存する点も同じです（56ページ）。収穫完了後に剪定《せんてい》します。

除草

雑草を放置すると通気性が悪くなり、病気の発生を助長します。施した肥料の養分も奪われてしまうので、頻繁に除去しましょう。

その一方で、一定の草丈に抑えられた雑草には、地面の保温・保湿効果があります。そこで、あえて木の下に牧草などの草の種子をまいて育てる方法も、近年注目されています（草生《そうせい》栽培）。

②ミツバチによる受粉

▲レモンの花の蜜を一生懸命吸っているセイヨウミツバチ。これらの昆虫が受粉を助けてくれる。

③アゲハ類の若齢幼虫

▲食欲旺盛なので写真のような小さな幼虫（若齢幼虫）のうちに対処したい。

④灰色かび病

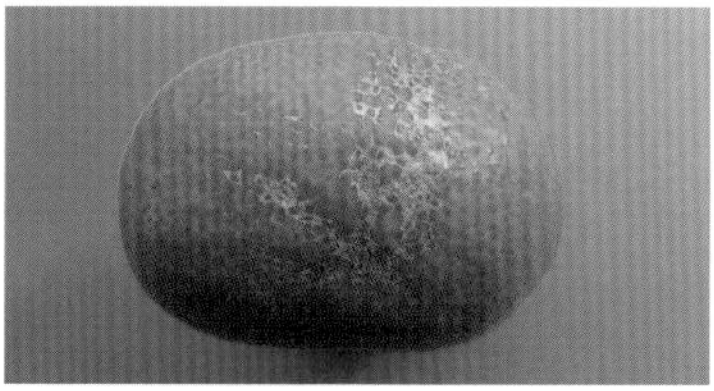

▲灰色かび病の温州《うんしゅう》ミカンの果実。花弁が果実に触れたまま枯れると発生しやすい。

人工授粉（64ページ）

柑橘は基本的には受粉樹が不要で、風や昆虫などによって受粉しやすいので、人工授粉（人の手で受粉する）も必須の作業ではありません。しかしながら、毎年のように実つきが悪い場合や、マンションのベランダなどで昆虫や風による受粉が期待できない場合は、人工授粉をしましょう。

病害虫対策（106ページ）

開花後の花弁が落ちず果実に触れたまま枯れると、カビが発生し灰色かび病になります。花弁をていねいに落とすか、殺菌剤（110ページ）を処理すると効果的です。また、アブラムシ類が引き続き発生するので、4月に準じて防除します。葉を食べるアゲハ類の幼虫は、割り箸などで取り除きます。

今月に殺虫剤を処理すると、ミツバチなどの昆虫が花に寄って来なくなり、実つきが悪くなることがあるのでなるべく控えます。

解説

人工授粉

適期　5月、7月

▲人工授粉の様子。特にハッサクやヒュウガナツ、ブンタン、バンペイユなどは、自身の花粉では受精がうまく行われず（自家不和合《じかふわごう》性《せい》）、実つきが悪くなる場合もあるので、受粉樹として異なる柑橘を近くに植え、互いに人工授粉すると効果的。そのさい、清見、麗紅、温州ミカンやその交配種の一部は、花粉がほとんど機能しないので（雄性不稔《ゆうせいふねん》）、受粉樹としては利用できない。

▲レモンの花。柑橘は両性花で、ひとつの花の中に雌しべと雄しべがある。

実つきが悪ければ人工授粉を

人工授粉とは、人の手で受粉することです。柑橘は、ひとつの花の中に雌しべと雄しべの両方がある両性花（右上写真）で、お互いの遺伝的な相性もよいため（ハッサクなどのような例外あり）、人が受粉しなくても風やミツバチなどの昆虫によって受粉しやすい傾向にあります。つまり、柑橘栽培では、人工授粉は必須の作業ではありません。しかし、雨天や強風などの天候条件や、昆虫が訪れにくい高層マンションなど置き場の条件によっては、受粉がうまく行われず、実つきが悪くなることがあります。

そのため、毎年のように実つきが悪い場合、人工授粉すると改善するかもしれません。人工授粉の方法は、乾いた絵筆で同じ花の中の雌しべと雄しべを交互に触れるだけです。受粉前後に花がぬれると受精の妨げになるので、人工授粉は晴天時に行い、水やり時には花に水をかけないように注意します。

なお、種子がなくても結実する温州ミカンや清《きよ》見《み》、麗紅《れいこう》、みはやなどは、人工授粉が不要です。

コラム

完全花と不完全花

柑橘は両性花で、4～5枚に分かれた花弁の内側に雄しべが20～40本あり、中心には1本の雌しべがあります。しかし、よく観察すると、雌しべの先端に、丸くて黄色い柱頭《ちゅうとう》がある花と、ない花があります。

柱頭がある花は完全花（写真左）といい、正常な受粉・受精ができて結実します。一方、柱頭がない花は不完全花（写真右）といい、受粉・受精ができず、結実もしません。寒害にあった枝や栄養状態が悪い枝には不完全花が多くつく傾向にあるので、不完全花の多少で木の状態が判断できます。

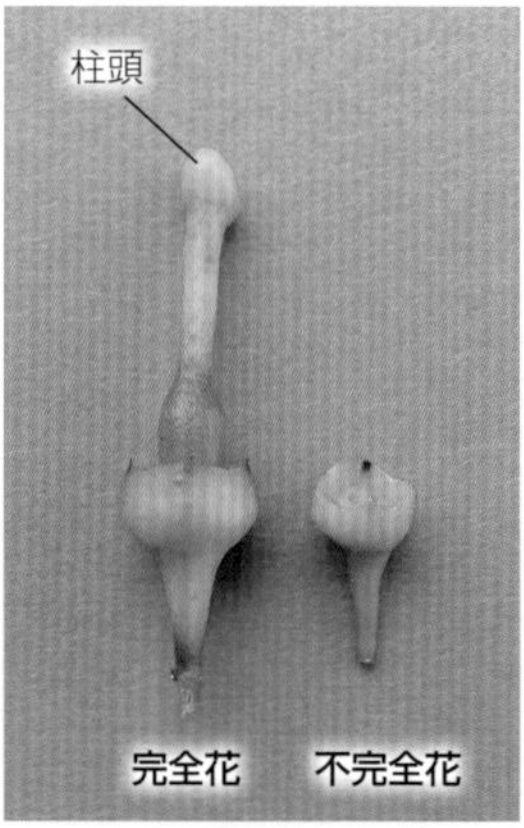

▲不完全花は通常は結実しない（種子なしの果実として結実することはある）。

コラム

四季咲き性をもつ柑橘

柑橘は5月に開花しますが（キンカンは7月）、なかにはレモン、ライム、シキキツなどのように5月に加え、7月や9～10月にも開花するものがあります。この性質を四季咲き性といいます。なかでもレモンは四季咲き性が強く、条件さえよければ、年に3回開花し、通常の11月収穫（5月開花）に加え、4月収穫（7月開花）や7月収穫（9～10月開花）も可能です。

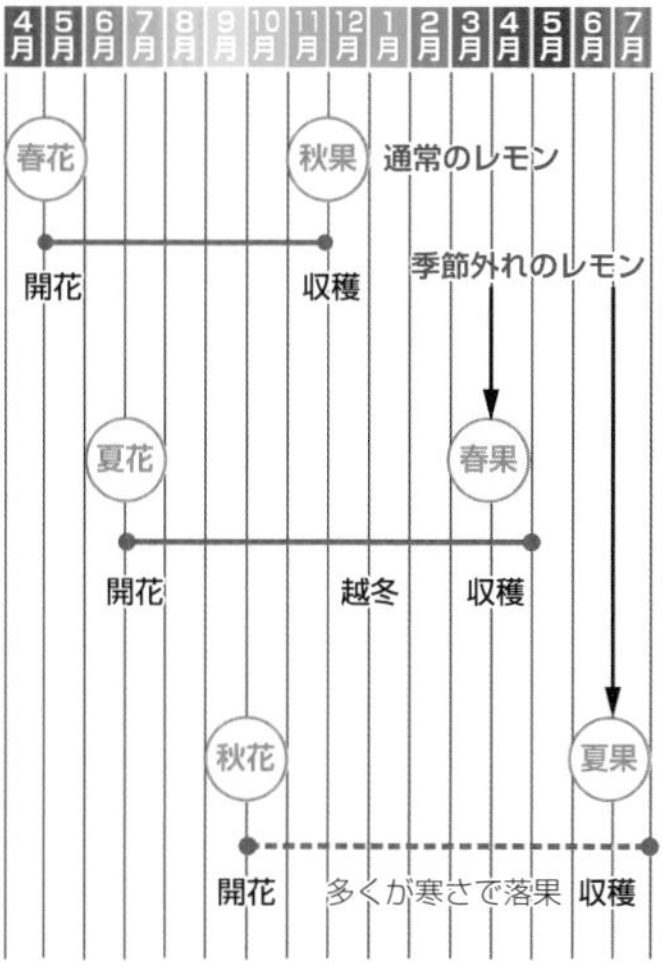

6月

ここに注目

❶開花から結実まで（レモン）

①開花中の花。
②結実初期の果実。まだ結実が安定していない。
③肥大し始めた果実。いくつか落果したが、もう少しで結実が安定する。

6月に収穫できる柑橘

イエローポメロ

→29ページ

花が果実へと肥大しますが、枝葉と果実で養分を奪い合うため、そのすべてが大きくなるのではなく、半分以上は6月中に落ちます。この落果をジューンドロップ（6月落果）といいます。

収穫（78ページ）

晩生《おくて》の柑橘も残り少なくなり、イエローポメロやメイポメロなどは酸味が抜けたら収穫できます。収穫後は速やかに剪定《せんてい》します。

除草

5月に引き続き、雑草を除去します。雑草が開花して種子ができる前に刈り取ることで、後の除草作業は格段に楽になります。

施肥《せひ》（104ページ）

果実が肥大するのに伴い、肥料を必要とする時期です。2月に施した肥料（元肥《もとごえ》）が切れ始めるので、追肥《ついひ》を施します。施す量や方法などは104ページを参照してください。

❷黒点病《こくてんびょう》・軸腐病《じくぐされびょう》

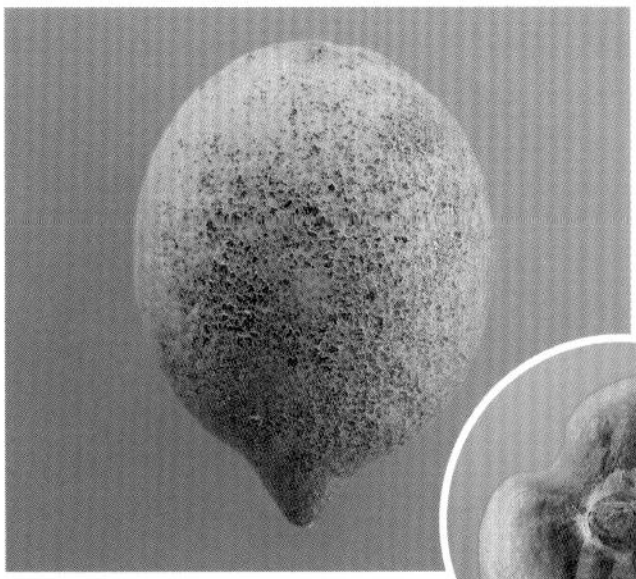
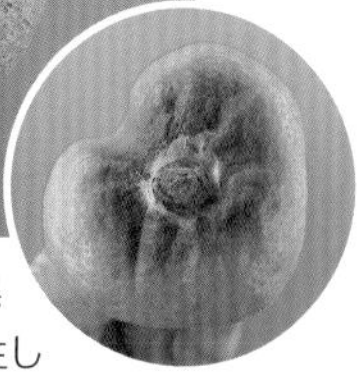

▲果実や枝葉の表面に黒い小さな点が大量に発生しざらざらになる黒点病。感染は6月頃で発病は7月以降。病原菌（下記参照）は、枯れ枝や落ち葉で越冬するので、それらの除去も効果的。軸腐病（右下）も病原菌は同じで、樹上で感染し果実の保存中に発病する。

❸カミキリムシ類

▲ゴマダラカミキリの成虫（上）と幼虫が幹にあけた穴（右）。

❹カイガラムシ類

◀ヤノネカイガラムシの雌成虫。果実や枝葉に大量に寄生して、吸汁する。

病害虫対策（106ページ）

梅雨に入ると黒点病に注意が必要です。原因菌は糸状菌（カビの仲間）なので、多湿条件下でまん延します。鉢植えは、雨が当たらない場所に移動させます（102ページ）。庭植えは、上旬に殺菌剤（110ページ）を散布すると発生がかなり抑えられます。

アブラムシ類、アゲハ類に加え、アザミウマ類も発生するので、見つけしだい捕殺します。6月からはカミキリムシ類が発生します。この害虫の幼虫は、幹に穴をあけるので木が枯れることもあり、深刻な影響があります。頻繁に木を観察し、穴の中に幼虫がいるうちに、針金をさしこんで刺したり、殺虫剤で処分します。ヤノネカイガラムシやミカンハダニ、ミカンサビダニなどの発生時には、マシン油乳剤を100～200倍に希釈して散布すると、これらの害虫の体の表面に油の膜が張り、窒息させて、一網打尽にできます。

7月

ここに注目

①夏枝の萌芽《ほうが》

▲春枝《はるえだ》や、昨年伸びた枝の葉のつけ根から夏枝が萌芽する。夏枝は伸びすぎなければ、翌年果実をつけることもあるが、多くの場合は徒《と》長《ちょう》して果実がつかないので、夏季剪定で切り取るとよい。

7月に収穫できる柑橘

バレンシアオレンジ

→23ページ

梅雨が明けると気温が高くなって日射量も増え、果実が肥大するとともに夏枝《なつえだ》が発生して盛んに伸びます。昨年から結実していた晩生《おくて》の柑橘は7月で収穫が終了します。

収穫 （78ページ）

晩生の柑橘として最後の収穫となるのが、バレンシアオレンジです。前年の5月に開花してから1年2か月間、結実していたことになり、収穫時期が遅いため、果皮の一部が春先に緑色に戻る回《かい》青《せい》現象（86ページ）を起こすことがあります。収穫が完了したら速やかに剪《せん》定《てい》します。

除草

雑草は発生しだい、除去します。

水やり

梅雨が明け、高温になります。土が極端に乾燥すると果実が落ちるので、庭植えでも10日ほど降雨がなければ水やりしたほうがよいでしょう。与

❷キンカンの開花

▲キンカンはほかの柑橘とは異なり、7月に開花する。昆虫や風などの働きが悪く、正常に受粉できないと実つきが悪くなることがある。

❸ミカンハダニ

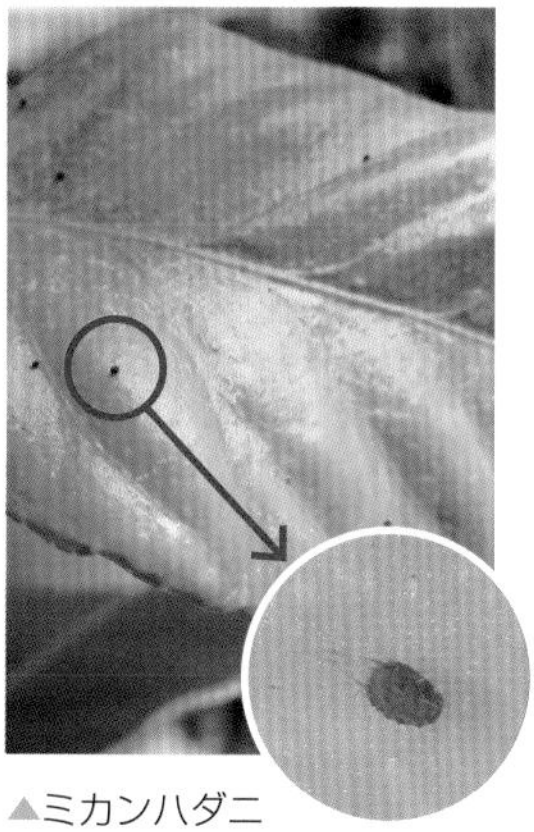

▲ミカンハダニの被害葉。葉がところどころすれるように白くなる。上写真の赤い小さな点が成虫。

❹ミカンサビダニ

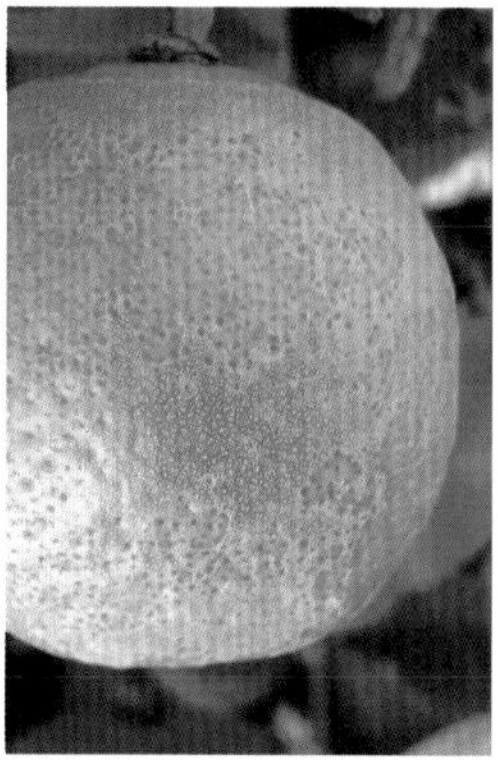

▲ミカンサビダニの被害果実。果皮の表面が灰色や茶色に変色して固くなる。

える水の量の目安は、1㎡当たり20〜30ℓ程度です。鉢植えでは毎日水を与えます（103ページ）。

人工授粉（64ページ）

キンカンは7月に開花します。また、レモンやシキキツのように四季咲き性がある柑橘も5月に加え、7月も開花します。5月と同じく人工授粉は必須の作業ではありませんが、栽培条件によっては行うことで結実が安定します。

病害虫対策（106ページ）

6月に発生した病害虫には、引き続き注意が必要です。なかでも梅雨が明けて乾燥するとミカンハダニや、ミカンサビダニなどが多く発生します。7月以降の高温期にマシン油乳剤を散布すると、果実の表面が汚れる恐れがあるので、なるべく使用を控えて晴天時に水で洗い流すか、ほかの殺虫剤（殺ダニ剤）を散布するとよいでしょう。

ミカンハモグリガについては8月の病害虫に準じて防除します（71ページ）。

8月

8月に収穫できる柑橘

スダチ

→38ページ

果実が徐々に肥大し、糖や酸、カロチノイドなどの成分が果汁とともに蓄積します。高温や乾燥、強日射や台風など、環境の変化から木を守る必要があります。

収穫（78ページ）

開花から3か月ほど経過して、果実がピンポン玉サイズになったら早くもスダチが収穫適期を迎えます。緑色の果実の状態で収穫して、料理の香りづけなどに利用します。

除草　水やり

7月に準じて行います（68ページ）。

摘《てき》果《か》（72ページ）

柑橘は果実がなりすぎると、ひとつひとつの果実に行き渡る養分が減少し、品質が悪くなるばかりか、木が弱って翌年の収穫量が激減することがあります（隔年結果）。そこで、落果が落ち着いた7〜9月中に適正な割合まで果実を間引きます。

ここに注目

①肥大中の果実

▲果実が盛んに肥大する。毎年この時期に摘果をして果実を減らすと、品質のよい果実が安定して収穫できる。

②黒点病

▲果実だけでなく枝葉にも発生する。発生量が少なければ、拡大を防ぐため取り除く。

③すす病

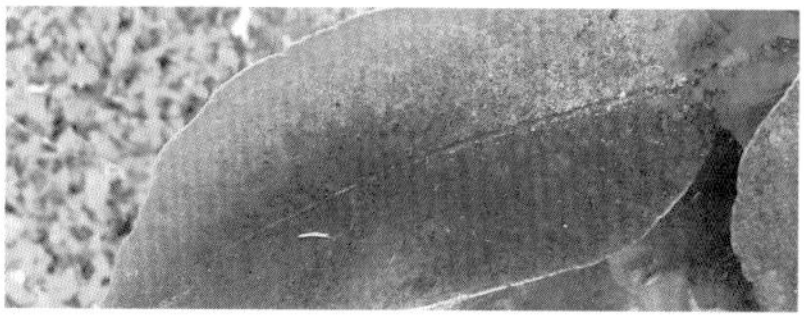

▲すす病が発生した葉。アブラムシ類やカイガラムシ類が分泌する甘い汁（甘露《かんろ》）にカビが生える。これらの害虫を防除すると発生しない。

④ミカンハモグリガ

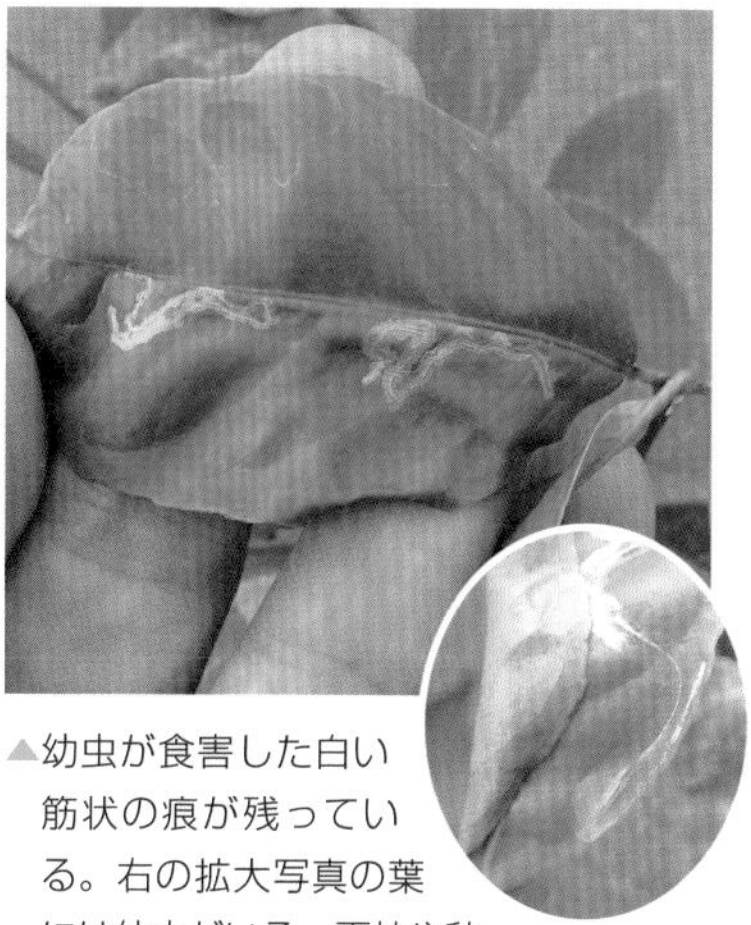

▲幼虫が食害した白い筋状の痕が残っている。右の拡大写真の葉には幼虫がいる。夏枝や秋枝に多く発生する。被害にあった葉でも光合成はできるので、放置してもよい。

夏季剪定《せんてい》（93ページ）

夏枝《なつえだ》（6～8月発生）や秋枝《あきえだ》（8～10月発生）は、発生しだい、つけ根から間引くとよいでしょう。

台風対策

台風の上陸前に、庭植えは支柱などで木をしっかり固定して、鉢植えはあらかじめ鉢を倒します。

病害虫対策（106ページ）

7月と同様の方法で防除します。特に6月に防除した黒点病《こくてんびょう》（67ページ）の再発生は要注意です。

夏枝の葉にミカンハモグリガが発生し、白い筋状の痕が残ります。葉に卵が産みつけられてから幼虫が成虫となって葉の外に出るまでに6日程度と短いため、被害葉を取り除いても手遅れになる場合が多くあります。木や果実に大きな影響はないので放置しても問題ありませんが、どうしても気になる場合は、殺虫剤（110ページ）を2週間ごとに複数回散布します（総使用回数は遵守する）。

解説

摘《てき》果《か》

適期　7〜9月

●摘果時に目安とする葉の枚数（葉果比《ようかひ》）

果実のサイズ	種類・品種の例	1果当たりの葉の枚数
キンカンサイズ（20g以下／果）	キンカン、フィンガーライム	8枚
温州《うんしゅう》ミカンサイズ（約130g／果）	温州ミカン、レモン、カボス、ハナユ、シークワーサー	25枚
オレンジサイズ（約200g／果）	ネーブルオレンジ、イヨカン、ヒュウガナツ、清見《きよみ》、不知火《しらぬひ》、せとか、ハッサク	80枚
夏ミカンサイズ（400g以上／果）	夏ミカン、シシユ、バンペイユ、ブンタン	100枚

参考：『果樹園芸大百科1　カンキツ』（農山漁村文化協会　2000年）
『果樹園芸大百科15　常緑特産果樹』（農山漁村文化協会　2000年）

※上記は目安

摘果により隔年結果を防ぐ

摘果とは、まだ小さい果実をその木にとって適切な割合まで間引くことです。摘果をしないと、果実ひとつひとつに行き渡る養分が減り、果実のサイズや糖度などの品質が低下します。また、木に配分される養分も減り、翌年の収穫量も減ってしまいます。柑橘では豊作と不作を繰り返す隔年結果が発生しやすいので、摘果は重要な作業です。

一般的に、摘果は7〜9月に行います。果実を間引くさいに目安となるのが、葉の枚数です。果実1個を肥大・成熟させるのに必要な葉の枚数は葉果比とよばれ、種類・品種によっておおよそ決まっています。本書では果実のサイズに応じた目安を紹介します（上表）。たとえば、オレンジサイズのせとかで１６０枚の葉がある木なら、葉１６０枚を葉果比80枚で割り、2果ならせることができます。木が大きいとすべての葉を数えるのは難しいので、葉果比はあくまで目安として葉のボリュームから枚数を推測し、太い枝ごとに区切って摘果しましょう。

●摘果の手順

1 鉢植えの温州ミカンの摘果前の様子。15個の果実がついている。小さな木なので、木全体の葉の枚数を数えたところ、100枚程度あった。葉果比は25枚なので、これくらいの鉢植えなら4果残して、ほかの果実は切り取るとよい。

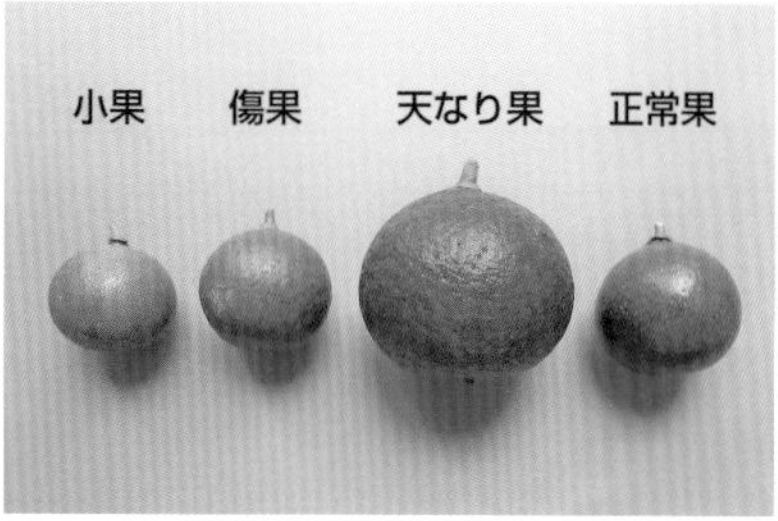

2 小さい果実（小果）、傷がある果実（傷果）、大きすぎる果実（天なり果）などを優先的に切り取り、正常な果実（正常果）を残す。

3 傷がある果実は、特に優先的に切り取る。果実全体を見て、傷がないか確認するとよい。果梗《かこう》（果実の軸）が太すぎる果実も同様に間引く。

4 上向きになっている果実は天なり果とよばれ、果実が肥大しすぎて食味が落ちたり、浮き皮（83ページ）になるので優先的に間引く。

5 果実どうしが近すぎるとこすれ合って傷がつくことがある。正常果であっても近すぎる果実は間引くとよい。

6 鉢植えの温州ミカンの摘果後の様子。15個あった果実を11個間引いて4個にした。

9月

9月に収穫できる柑橘

カボス

→38ページ

ここに注目

❶秋枝の萌芽《ほうが》

▲春枝《はるえだ》や夏枝《なつえだ》の先端付近から、秋枝が発生。秋枝は、翌年結実せず、ミカンハモグリガも発生しやすいので、つけ根で切り取る。

暑さが一段落すると秋枝《あきえだ》が発生します。朝夕は少しずつ涼しくなり、果実に効率よく養分が蓄積されるので、果実の肥大がいっそう盛んになります。

収穫 （78ページ）

カボスのほか、中旬以降からは極早生《ごくわせ》温州《うんしゅう》が収穫可能となります。極早生温州は酸味の抜けが早いので、果皮が多少緑色でも収穫できます。

鉢への植えつけ・植え替え

鉢植えは、植えつけ（46ページ）や植え替え（100ページ）の適期です。

除草 水やり

7月に準じて行います（68ページ）。庭植えの場合、1月以降に収穫できる柑橘は10日ほど降雨がなければ水やりします。12月以前に収穫する温州ミカンなどは、少し水やりを控えて乾燥ぎみに育てると甘くなる傾向にあります（126ページ）。

②極早生温州と早生温州

▲左は、極早生温州の日南1号。極早生温州は、酸味の抜けが早いので、果皮が緑色でもおいしく食べられる果実が多い。右は早生温州の宮川《みやがわ》早生《わせ》。

③鉢への植えつけ、植え替え

▲秋に植えつけや植え替えを行うと、根がよく土になじんでその後の生育がよい。ただし、植えつけや植え替え後に、寒さで植え傷みしないような場所で鉢植えを越冬させる必要がある。

夏季剪定《せんてい》（93ページ）

8月に準じて行います（71ページ）。

台風対策

施肥《せひ》（104ページ）

12月までに収穫する柑橘のうち、温州ミカンなどの糖度が高い種類は、今月に肥料が効きすぎると、着色の遅れや糖度の低下などの悪影響がでるので施肥しません。一方、レモンやユズなどの糖度が関係ない柑橘や、1月以降に収穫する柑橘は、半量ずつ6月と9月に分けてもよいでしょう。

病害虫対策（106ページ）

秋の長雨が降ると、かいよう病（89ページ）、そうか病（61ページ）が再び発生します。また、先月に引き続き、夏枝や新たに伸びた秋枝の葉にミカンハモグリガ（71ページ）が発生します。幼虫がいるうちに葉を取ったり、薬剤散布をするのも手ですが、被害にあった葉でも光合成はできるので、特に気にしないという姿勢も重要です。

10月

10月に収穫できる柑橘

温州《うんしゅう》ミカン(宮川早生《みやがわわせ》)

→12、20ページ

ここに注目

❶着色直前の果実

▲多くの柑橘で果実肥大が止まり、着色が開始する。一般的にはこの時期に土が適度に乾燥し、水分ストレスがかかると、甘く濃厚な果実が収穫できる。

秋が深まると朝晩は涼しくなり、葉が冷たい露でぬれるようになります。寒暖差が激しくなると着色が進み、収穫できる柑橘が徐々に増加します。

収穫 (78ページ)

ライムやシークワーサーなどの香酸《こうさん》柑橘《かんきつ》は緑色の果実でも収穫して利用できます。黄色のイメージがあるレモンやユズの果実も同様です。一般に緑色の果実のほうが、香りや酸味が強く、日もちするといわれています。

宮川早生などの早生温州は着色して、早ければ10月中下旬頃には収穫できます。

果実の保存 (56ページ)

収穫した果実をすぐ食べずに長もちさせたい場合は、温度や湿度を適正な範囲に調節した場所で保存する必要があります。56ページを参考に、収穫した果実にもっとも合った方法で保存しましょう。

②緑色の果実を収穫する

▲レモンの収穫の様子。レモンは緑色の状態（グリーンレモン）でも収穫が可能。香りや酸味が強く、料理にも使いやすい。ほかにもスダチやカボス、ライムやシークワーサー、ユズなども、緑色の果実を収穫して利用することが多い。

③アザミウマ類

▲チャノキイロアザミウマの被害にあった温州ミカンの果実。写真の果実は開花期前後に花弁の縁に沿って被害にあったので、果梗《かこう》（果実の軸）のまわりにリング状の被害痕が残っている。

鉢へ植えつけ・植え替え

先月に引き続き、鉢植えの植えつけ（46ページ）や植え替え（100ページ）の適期です。

除草

5月に準じて行います（62ページ）。

病害虫対策（106ページ）

気温の低下とともに病害虫も徐々に減っていき、アザミウマ類が最後の発生時期を迎えます。開花時に吸汁された果実は、がくに沿ってリング状に被害痕が残ります（左上写真）。8～10月に吸汁された果実は、放射状に被害痕が残ります。

市販の薬剤は、その種類に応じて、散布時期が「収穫○日前まで」と限定されています。これは、薬効成分が分解される期間を設け、収穫果に残留しないようにするためです。収穫が近い柑橘は、取扱説明書やラベルなどに記載された散布時期を遵守しましょう。

収穫適期の目安

種類・品種	収穫適期	種類・品種	収穫適期	種類・品種	収穫適期
スダチ	8～10月	ありあけ	12月	あすみ	2月
カボス	9～10月	晩生温州	12月	不知火	2～3月
極早生温州	9～10月	西南のひかり	12月	せとか	2～3月
ライム（秋果）	10～11月	天草	12～1月	タンカン	2～3月
シークワーサー	10～12月	ハッサク	12～2月※	ブラッドオレンジ	2～3月※
早生温州	10～12月	ブンタン	12～2月※	カワチバンカン	2～4月※
レモン（秋果）	10～12月	バンペイユ	12～2月※	グレープフルーツ	2～5月※
ユズ	10～12月	ブッシュカン	12～3月	清見	3～4月
みはや	11～12月	キンカン	12～3月	津之香	3～4月
中生温州	11～12月	ネーブルオレンジ	1～2月※	甘夏、夏ミカン	3～5月
ポンカン	12月	イヨカン	1～2月※	ヒュウガナツ	4～5月
ハナユ	12月	麗紅	1～2月	南津海	4～5月
津之望	12月	スイートスプリング	1～2月	メイポメロ	4～6月
紀州ミカン	12月	はるみ	1～2月	イエローポメロ	5～6月
はれひめ	12月	たまみ	1～2月	バレンシアオレンジ	6～7月

※　3～6月まで保存してさらに酸抜けさせるとよい

柑橘の収穫適期は、大きく3つに分けられます。

緑色の果実を収穫する柑橘

スダチ、カボス、ライム、シークワーサーなどの香酸柑橘は、肥大が停止して、果実の緑色が少し薄くなった時期に収穫します。レモンやユズなどは、緑色と黄色のいずれでも利用できます。

黄色や橙色に色づいたら収穫する柑橘

温州ミカンやポンカンなどは、9～12月に果実が黄色や橙色に着色します。着色とともに酸味も抜けるので、色づきしだい、収穫します。

酸味が抜けるまで待つ柑橘

収穫適期が1～7月の柑橘が該当します。12月までに完全に着色しますが、その時点では酸味がまだ強いのでしばらく木にならせたままにし、酸味が抜けるまで収穫を待ちます。寒冷地では冬の寒さで果実が傷むので、完全着色した12月に収穫して酸味が抜けるまで室内で保存して食べてもよいでしょう。

●収穫の手順

1 収穫できそうな果実を探す。同じ木のなかでも、果実によって収穫時期が異なるので、適期のものだけ選んで収穫するとよい。適期より収穫が遅れると、ス上《あ》がり（83ページ）や浮き皮（83ページ）が発生しやすいので注意。

2 果実を軽くつかみ、果梗《かこう》（果実の軸）の切りやすい部分にはさみを当てる。はさみの先が果実に当たらないように注意する。先端が丸い、収穫専用の採果ばさみも販売されている。

3 切り取ったところ。果実に傷がついてしまった場合は日もちしないので、保存することなくただちに食べるとよい。

4 切り取った果実の果梗の切り口をよく見ると、先端がとがっていることが多い。このまま収穫かごや袋などに入れると、ほかの果実が傷つく恐れがある。

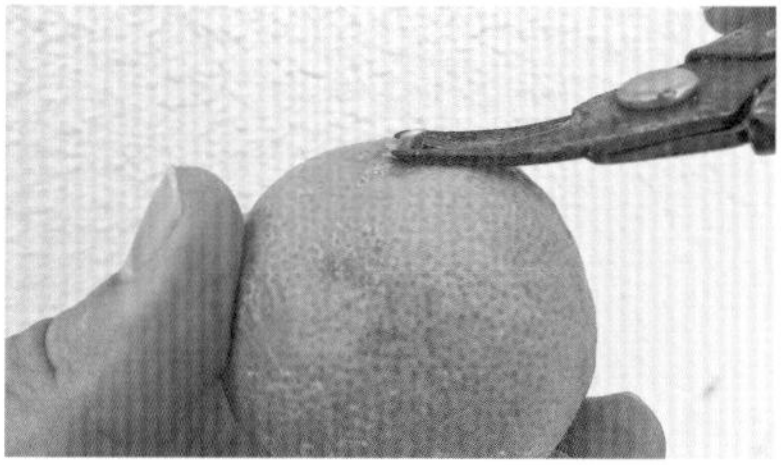

5 残った果梗にはさみを当て、切り取る。この作業を二度切りという。**3**でギリギリのところで無理に切ろうとすると、果実が傷つく恐れがあるので無理をせず二度切りするとよい。

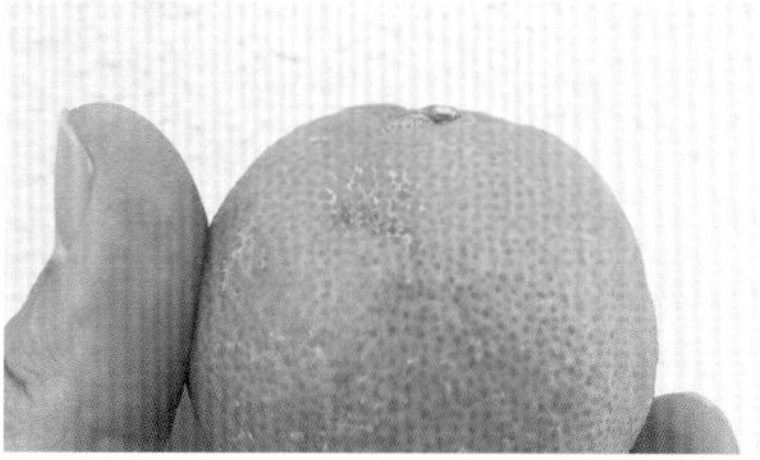

6 二度切りした後の果実。果梗の切り残しがないので、ほかの果実を傷つける恐れがない。この後、すぐに食べるか保存する。酸味の抜けが遅い柑橘は、味見をして適期を見極める。

11月

11月に収穫できる柑橘

レモン（ビラフランカ）

→11、36ページ

ここに注目

❶着色しても収穫できない柑橘

▲完全着色したブンタン果実。完全に色づいても収穫にはまだ早い。このように酸味が抜けるまで、1～7か月程度は収穫できない柑橘もあるので注意が必要。

北国から初雪の知らせが届くと、いよいよ柑橘の収穫が本格的に開始します。耐寒性が弱い柑橘では、防寒対策が収穫以上に重要な作業となります。

収穫（78ページ）

早生《わせ》温州《うんしゅう》が収穫の最盛期を迎え、早ければ下旬からは中生《なかて》温州や、みはやが収穫できます。10月には緑色で収穫したレモンも、着色すれば完熟レモンとして収穫できます。カラタチも収穫適期なので収穫して種子をまけば、自身で接《つ》ぎ木《き》をするための台木をつくることができます。

果実の保存（56ページ）

10月に準じて行います（76ページ）。

防寒対策（98ページ）

柑橘は概して寒さに弱いので、耐寒気温（16ページ）より気温が下回る前に防寒対策をします。柑橘が枯れる最大の原因は寒さなので注意します。

②お礼肥《れいごえ》

▲施す肥料の種類は問わないが、12月以降に肥料分がじわじわ溶けて根に届いても寒くて吸収されにくいので、速効性の化成肥料がおすすめ。

③ミカンハダニの防除

▲ミカンハダニやミカンサビダニが収穫直前に発生した場合は、水をかけて洗い流すと効果的（葉水《はみず》：103ページ）。晴天時に行えば病気の心配もほとんどない。

除草

5月に準じて行います（62ページ）。年内最後の除草となります。

施肥《せひ》（104ページ）

収穫が終わった柑橘には、結実で弱った木を回復させるためにお礼肥《れいごえ》を施します。収穫が終わっていない柑橘についても、6月（9月）に施した肥料（追肥）が切れ始めるので、再び追肥を施します。施す量などは１０４ページを参照してください。

病害虫対策（106ページ）

新たに発生する病害虫はなく、発生量もかなり減ります。10月でも解説したように、収穫時期が近い柑橘には薬剤が散布しにくいので、アブラムシやミカンハダニが発生した場合は水で洗い流し（左上写真）、カイガラムシ類が発生した場合は、歯ブラシなどでこすり落とすとよいでしょう。

12月

ここに注目

❶完熟果と冬の青空

▲多くの柑橘が下旬までには完全に色づく。完全着色した黄色と枝葉の緑色、冬の青空の青色とのコントラストが美しい。

12月に収穫できる柑橘

ユズ

→14、38ページ

冬至を迎えて寒さが厳しくなると、収穫できる柑橘がさらに増加します。12月は、1年でもっとも多くの柑橘が収穫できる月となります。

収穫 （78ページ）

晩生《おくて》温州《うんしゅう》やポンカン、紀州ミカン、ユズ、シシユ、西南《せいなん》のひかり、はれひめ、ありあけなど、多くの柑橘が収穫適期を迎えます。

ほぼすべての柑橘が12月までに完全に色づきますが、80ページ左上のブンタンのように今月の時点では果肉の酸味が非常に強いものもあります。そのような柑橘は、完全着色期ではなく、酸味が抜ける時期が収穫適期となります。つまり1月以降も木にならせて、酸味が抜けたら収穫します。

一方、寒冷地では木につけたまま越冬させると、寒さでス上《あ》がり（次ページ）などが起こり、果実が傷むことがあります。そこで寒冷地では12月中に収穫して、室内で保存しながら、酸味が抜けるまで待つとよい場合もあります（56ページ）。

❷浮き皮

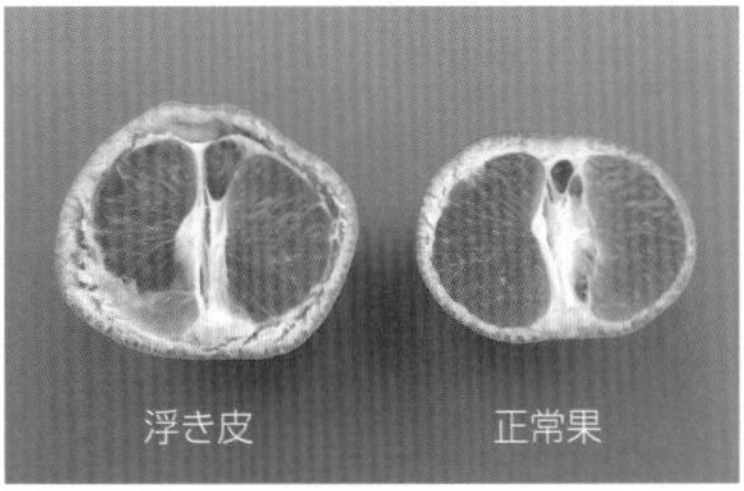

▲果皮がブヨブヨにやわらかくなり、果皮と果肉の間に隙間がある状態を浮き皮といい、果実の風味も落ちる。温州ミカンに発生しやすい。10～11月の長雨などが原因で果皮の生育がおう盛になった場合や、適期に遅れて収穫した場合などに多発する。

❸寒さで傷んだ状態（寒害）

▲（上）寒さで傷んだレモン果実。
（円内）中の果肉がスカスカになる（ス上がり）。収穫時期が遅くても同様の現象が起こる。
（下）寒さで傷んだ枝葉。葉がパリパリになり、白く変色する。

果実の保存（56ページ）

10月に準じて行います（76ページ）。

防寒対策（98ページ）・積雪対策

防寒対策は98ページに準じて行います。耐寒気温まで気温が下がらなくても、霜が降りると枝葉が傷む場合があるので、注意が必要です。

降雪した場合は、木に積もった雪を取り除き、雪の重みで枝が折れるのを防ぎます。鉢植えは雪が積もらない場所に移動させます。

病害虫対策（106ページ）

すでに収穫が完了した木のうち、病害虫の被害が大きい木では、越冬害虫を駆除するためにマシン油乳剤を12～1月の間に1回、木全体に散布します。ただし、収穫を間近に控える木では、マシン油乳剤に限らず、薬剤は散布しないようにします。

1月

1月に収穫できる柑橘

キンカン(ニンポウキンカン)

→15、35ページ

ここに注目

❶雪景色

▲一般的には、降霜や降雪がある地域は、庭植えで柑橘を育てるには不向きといわれているが、ユズなど寒さに強い種類は栽培可能な場合も。

年間でもっとも気温が下がり、寒風にさらされるので、木にとっては厳しい条件が続きます。寒くても葉のつけ根の芽では、花のもと（花芽《かが》）が分化して翌春の開花の準備が進んでいます。

収穫（78ページ）

ネーブルオレンジ、キンカン、ハッサク、イヨカン、ブンタン、スイートスプリング、天草《あまくさ》、たまみ、麗紅《れいこう》などが収穫適期を迎えます。酸味が抜け切れていない柑橘でも、寒冷地では寒さから守るために早めに収穫し、保存しながら酸味を減らしてもよいでしょう。軽度の果実の寒害なら、袋かけ（98ページ）をすれば防ぐことができます。

果実の保存（56ページ）

10月に準じて行います（76ページ）。

防寒対策（98ページ）・積雪対策

防寒対策は98ページ、積雪対策は12月（83ページ）に準じて行います。

②枯れ枝と落ち葉の除去

▲枯れ枝の除去。黒点病や灰色かび病の病原菌を取り除く効果がある。右は除去した落ち葉。ミカンハダニなどの害虫の越冬場所を取り除く効果がある。

③マシン油乳剤

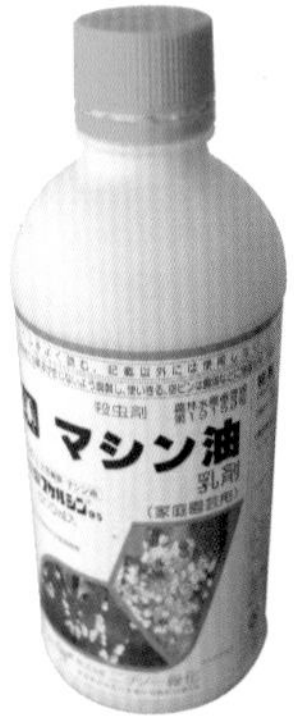

▲園芸店などで市販されているマシン油乳剤。機械油が主成分で、有機JAS規格でもその利用が認められている。越冬害虫の駆除に効果的。

枯れ枝と落ち葉の除去

黒点病《こくてんびょう》や灰色かび病などの病原菌や、ミカンハダニなどの害虫は、枯れ枝や落ち葉で越冬することがあります。そのため、冬に枯れ枝や枯れ葉を木から取り除き、落ち葉を拾い集めることは病害虫の発生を低減するのに非常に効果的です。面倒でも行うとよいでしょう。集めた枝や葉は、地中深くに埋めるか、自治体の指示に従って処分します。

病害虫対策（106ページ）

カイガラムシ類やミカンハダニ、ミカンサビダニなどは、枝葉や樹皮の隙間など人の目の届きにくい場所で越冬します。これらの害虫を冬の間に駆除するには、マシン油乳剤を30～45倍に希釈して木全体に散布するとよいでしょう。なお、マシン油乳剤を萌芽《ほうが》直前（2月下旬以降）に散布すると、薬害が発生し枝葉が傷む可能性があるので、収穫間近の木を除き、12～1月に散布します。

2月

2月に収穫できる柑橘

カワチバンカン(河内晩柑)

→33ページ

ここに注目

❶葉の黄変・落ち葉と回青現象

▲柑橘の葉の寿命は2年ほどで、通年で少しずつ落ちる（上）。下は回青現象が発生したダイダイ。春先に果皮の陽光面が緑色に戻った。

1月に引き続き、厳しい寒さに注意が必要です。下旬になると地域によっては寒さが緩むので、剪定《せんてい》や植えつけ、植え替えなどの作業の適期となります。

収穫（78ページ）

あすみ、あすき、はるみなどが収穫適期を迎えます。2月下旬から7月にかけて収穫期を迎える柑橘では、黄色や橙色に完全着色していた果皮の一部が春先に再び緑色に戻ること（回青《かいせい》現象）があります（左上写真）。この現象は成熟期に消えた葉緑素が、気温の上昇とともに日当たりのよい果実の果皮で再合成されることで起こります。

果実の保存（56ページ）

10月に準じて行います（76ページ）。

防寒対策（98ページ）・積雪対策

防寒対策は98ページ、積雪対策は12月（83ページ）に準じて行います。

②元肥を施す

▲元肥には有機質肥料を用いるのが一般的。施肥後、庭植えは軽く土にすき込んだほうがよいが、鉢植えではすき込む必要はない。

③カイガラムシ類をこすり落とす

▲カイガラムシ類は歯ブラシなどでこすり落とすとよい。マシン油乳剤を12～1月に散布した場合は、死骸が残っているだけなので、こすり落とす必要はない。

剪定 （90ページ）

寒害の恐れがない地域では3月に準じて行います。寒冷地では3月以降に剪定します。剪定と同時にトゲ取り（89ページ）も行うとよいでしょう。

枯れ枝と落ち葉の除去

1月（85ページ）に準じて行います。

施肥《せひ》 （104ページ）

今月に元肥《もとごえ》として肥料を施し、3～4月の萌芽《ほうが》を促すことで、1年の生育をスタートさせます。長い期間、効果を持続させるために、比較的多くの量の緩効性《かんこうせい》肥料を施します。一般的には土の物理性を改善させる有機質肥料を用います。

病害虫対策 （106ページ）

2月下旬以降にマシン油乳剤を散布すると枝葉が傷むことがあるので、カイガラムシ類は歯ブラシなどでこすり落とします。

3月

3月に収穫できる柑橘

不知火《しらぬひ》（デコポン）

→24ページ

ここに注目

❶剪定

▲混み合った枝や古い枝を切って木を若返らせる。寒冷地では４月に行ってもよい。晩生《おくて》の柑橘は収穫完了後に速やかに行う。

寒さが緩んで木が傷むリスクが減ると、多くの作業の適期を迎えます。なかでも剪定《せんてい》作業は、次の収穫に大きく影響するので重要です。

収穫 （78ページ）

不知火、せとか、タンカン、ブラッドオレンジなどが収穫適期を迎えます。

植えつけ （鉢植え46ページ、庭植え50ページ）

寒さによる植え傷みの心配がなくなったら、苗木を植えつけます。

鉢植えの植え替え （100ページ）

鉢植えは、植えつけから2年以上経過すると、いくら水をやっても株がしおれ、葉が黄色く変色してしまうことがあります。このような症状は植え替えで改善することがあります。植え替えの目安は100ページの「鉢底から根が出ている」と「水のしみこみが悪い」です。ひとつでも該当すれば植え替えましょう。

❷トゲ取り

▲トゲは危険なうえ、果実や枝葉を傷つけるので、時期に関係なく見つけしだい切り取るとよい。切り取っても、木の生育にはほとんど影響がない。

❸かいよう病

▲かいよう病におかされたレモンの果実（上）と葉（下）。毎年５～10月に写真のように多発する場合は、萌芽前の３月に予防の薬剤（110ページ）を散布するとよい。

剪定（90ページ）

寒さが緩んだら、剪定の適期です。４月になって萌芽《ほうが》してから枝を切ると木が傷む恐れがあるので、なるべく早い時期に終わらせます。なお、トゲは見つけしだい、切り取ります（右上写真）。

播種（113ページ）

接《つ》ぎ木《き》で苗木をつくるさいの台木は、接ぎ木をする１～２年前に種子をまいて用意しておきます。初結実まで年数がかかってもよい場合や、観賞用の場合も種子から育てます。

接ぎ木（116ページ）

保存していた穂木《ほぎ》を枝ごと接ぐ、枝接ぎの適期です。

病害虫対策（106ページ）

かいよう病が毎年多発する場合は、予防の殺菌剤（110ページ）を散布すると効果的です。

解説

剪定《せんてい》

適期　2～4月

●剪定の3段階

手順① 木の広がりを抑える	全体的に木をコンパクトにする。のこぎりを使って、枝分かれしている部分の太い枝を切り落とす。(→91ページ)
手順② 不要な枝を間引く	日当たりや風通しをよくするために、不要な枝を、つけ根から切り落とす。切り残しがないようにする。(→92ページ)
手順③ 長い枝の先端を切り詰める	①～②で残った枝のうち、長い枝だけを選び、$\frac{1}{3}$程度の長さを切り詰める。短い枝は残す。(→94ページ)

剪定前後の変化
(レモンの鉢植え)

剪定により生育がよくなる

剪定とは枝を切り、木の形を整えることです。剪定には、木の広がりを抑えて木をコンパクトにする効果があります。また、日当たりや風通しをよくすることで木の生育がよくなるほか、病害虫の被害を低減することもできます。柑橘は総じて剪定に強く、少々失敗しても、枯れることはほとんどありません。恐れずに挑戦してみてください。

剪定の適期は、枝葉の生育が緩慢で寒さの影響も少ない2月下旬～3月下旬です。寒冷地では4月(萌芽前)に行ってもよいでしょう。

ただし、収穫時期が4～7月の晩生《おくて》の柑橘は、この時期に剪定すると、枝ごと果実を取り除くことになってしまいます。そのため、例外として収穫まで待ち、収穫完了後に速やかに剪定します。

鉢植え、庭植えともに、どんな柑橘も、剪定の内容は上の3段階にまとめられます。どこから手をつけてよいかわからなければ、手順①から始めましょう。次ページからは手順①～③を詳しく解説します。

手順① 木の広がりを抑える

木の高さ（樹高）や横への広がりを抑え、コンパクトにしたい場合は、木のおおまかな形を決め、太い枝をのこぎりで切っていきます。54ページの変則《へんそく》主幹形《しゅかんけい》に仕立てる場合は、４年目以降に、この剪定を行い、芯を止めます。

木の高さを抑えるさいに、手順③のように長い枝を途中で切り詰めると、翌年さらに長い枝が発生するので、左図のように分岐部で切るのがポイントです。また、枝分かれしている部分を切り残しなく切ることも重要です（左写真）。切り残しがあると、出っ張っている部分が枯れ、基部の重要な部位にまで枯れ込みが入って木が傷む可能性があります。

ここで注意するのが枝を切る量です。一度（1年）の剪定でいきなり樹高を低くすると、翌年に切り口付近から太くて長い枝ばかりが発生して手に負えなくなるほか、数年間は実つきが悪くなります。そこで、1年で切り下げる高さは50㎝程度にし、2〜3年計画で少しずつ下げていきます。

手順①の剪定位置

▲枝の分岐部で切る。

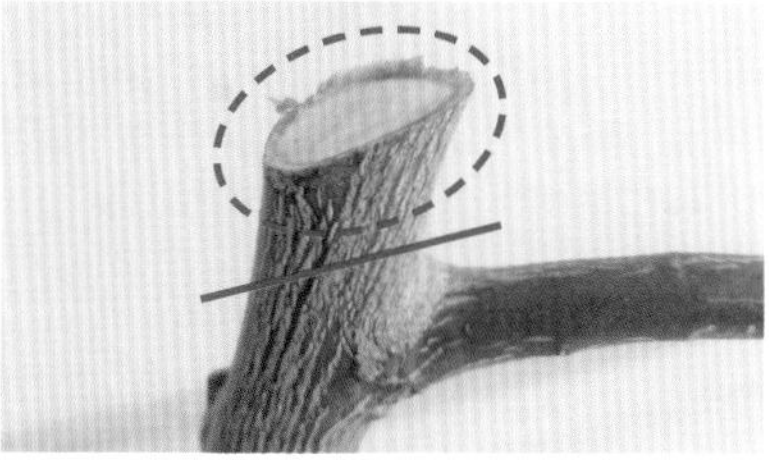

▲切り残しがないように切る。

●切り下げは２～３年計画で

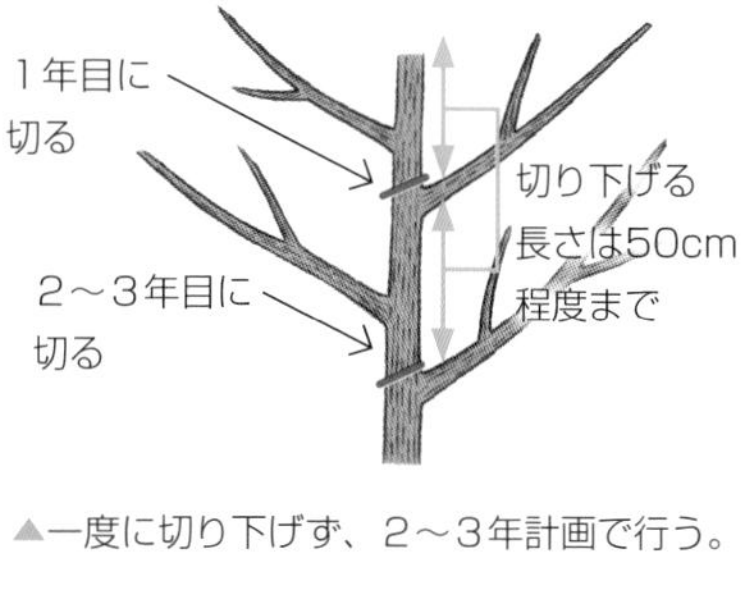

▲一度に切り下げず、2～3年計画で行う。

手順② 不要な枝を間引く

手順①が終わったら、今度は不要な枝（左下図）を、さらに間引きます。ただし、枝を減らしすぎると翌シーズンの実つきが減るほか、切りすぎた反動で、剪定した年に長くて太い枝が多く発生して、翌々シーズン以降の実つきも悪くなることがあるので注意が必要です。目安としては、手順①〜③の各段階を経て、全体の1〜3割の枝を切り取るとよいでしょう。葉が軽く触れ合う程度が理想的です。

また、手順②では、翌シーズンに果実がなりにくい枝を優先的に間引く必要があります。徒長した枝や今シーズンに果実がなった枝には、翌シーズンに果実がなりにくい傾向があるので、これらの枝は優先的に間引きます。

夏枝や秋枝を見分けられるのであれば（次ページコラム）、これらの枝は同じく剪定した年に果実がなりにくいので、優先的に間引きましょう。反対に、春枝《はるえだ》のうち、今シーズンの果実のなり痕（切り痕）がないものや25㎝未満の短い枝は、翌シーズンに果実がなりやすいので、優先的に残します。

手順②の剪定位置

▲枝が混み合っている場合は、葉が軽く触れ合う程度に間引くのが理想的。

●不要な枝の例

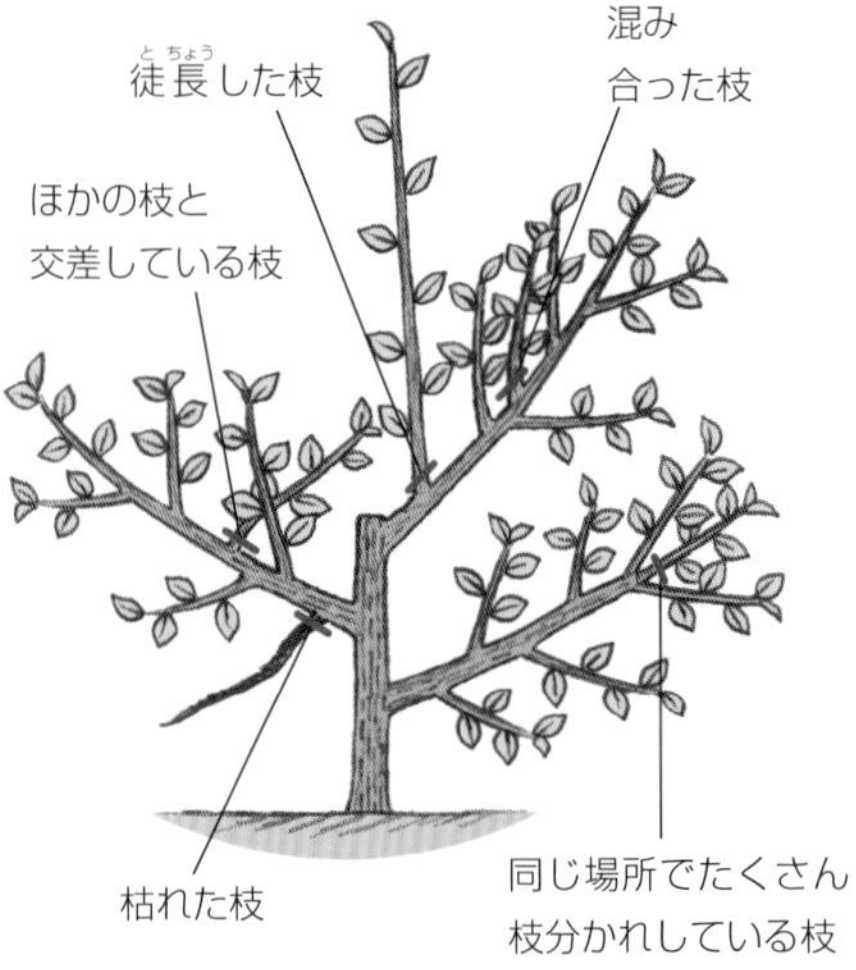

▲上記の枝を優先的に間引く。ただし、上記の枝ばかりの場合や、全体の枝の量が少ない場合は、上記の枝でも残すことがある。

コラム

春枝、夏枝、秋枝の特徴と夏季剪定

▲ミカンハモグリガが発生した秋枝。

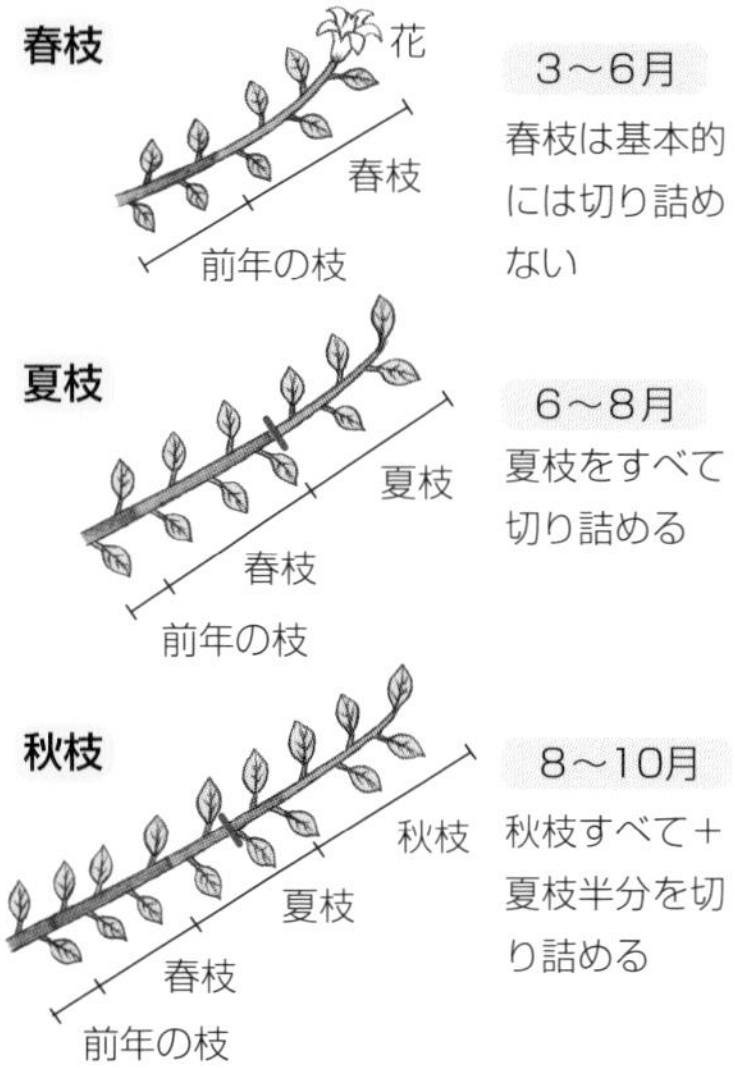

▲徒長した夏枝。

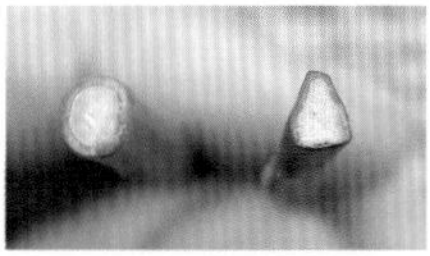

◀断面が丸い春枝（左）と断面が三角の秋枝（右）。

柑橘の枝は、3〜6月に伸びる春枝と、6〜8月に伸びる夏枝、8〜10月に伸びる秋枝に大別されます。春枝にはその年に果実がつき、つかなかった枝でも、翌春には開花する新梢《しんしょう》が発生して果実がつくため重宝されます。一方、夏枝は徒長しやすいため、翌春になっても少ししか開花・結実せず、秋枝に至っては生育が悪いため、ほぼ開花しません。両者とも不要なので可能な限り、発生と同時につけ根から間引きます（夏季剪定）。

このように剪定では春枝を残し、夏枝と秋枝を間引いたり切り詰めたりするのが理想的ですが、3月の剪定時にそれぞれを見分けるのは難しく経験が必要です。見分けるポイントのひとつが、ミカンハモグリガ（上写真）の発生の有無です。春枝にはあまり発生しませんが、夏枝や秋枝には多く発生します。また、夏枝は25㎝以上に徒長し、夏枝や秋枝の切り口の断面は三角形になる傾向にあるので、これらも見分けるポイントです。

手順③ 長い枝の先端を切り詰める

手順①~②で残った枝のうち、長い枝（目安は25cm以上）だけを選んで、先端の⅓程度を切り詰めます。切り詰めることで、剪定した年の春に適度な長さの枝が多く発生します（左下図「切り詰め位置と発生する枝の長さ」Bの部分）。

なぜ長い枝だけを切り詰めるかというと、25cm以上の長く伸びすぎた枝は、枝の生育に養分の大半を用いるため、花芽《かが》があまりつかないからです。果実もなりにくく、切り詰めても翌シーズンの収穫に影響ありません。むしろ、切り詰めることで充実した枝が発生し、剪定した翌々シーズンに果実がなります。

適度な長さの枝（春枝）の先端部を切り詰めすぎると、剪定した年に果実がならなくなってしまうことがあるので注意が必要です。柑橘の花芽の多くは、枝の先端付近にしかつかないため、枝を切り詰めすぎると花芽の大半がなくなってしまいます（次ペー

手順③の剪定位置

●切り詰め位置と発生する枝の長さ

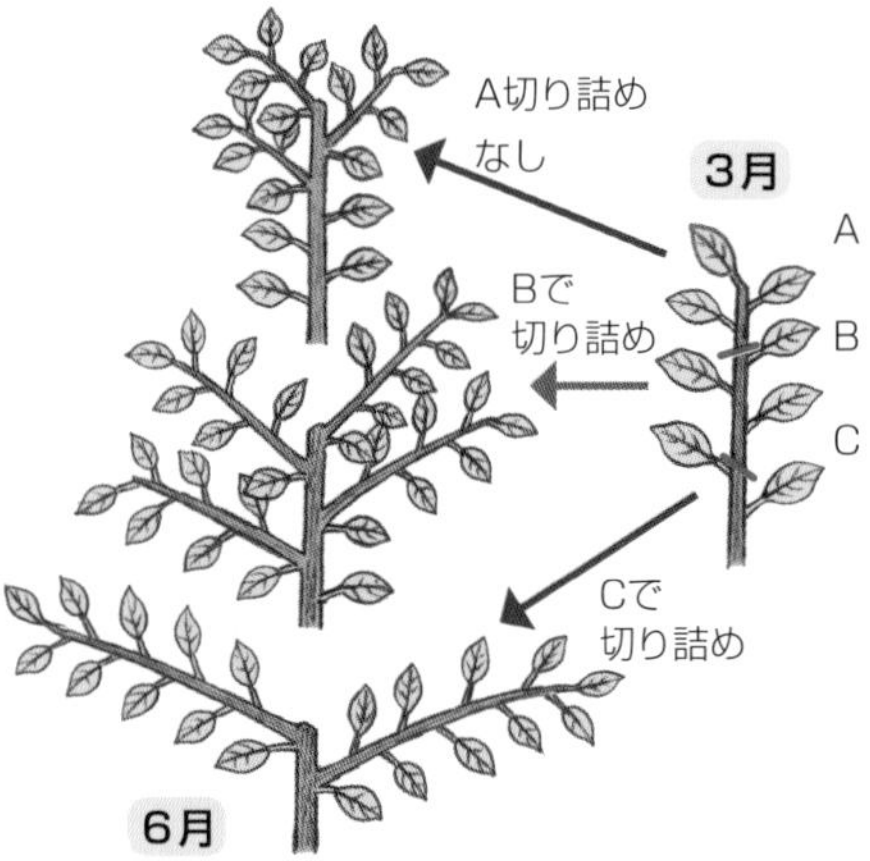

△ A 切り詰めなし→先端付近のみ短い枝が発生
○ B で切り詰め→短い枝が多く発生
× C で切り詰め→徒長枝が発生

ジ左上図「柑橘の花芽の位置」)。

なお、春枝、夏枝、秋枝が見分けられる場合には、切り詰める長さは⅓程度ではなく、93ページのコラムの図に従って、夏枝や秋枝の部分を切り詰めます。

●柑橘の花芽の位置

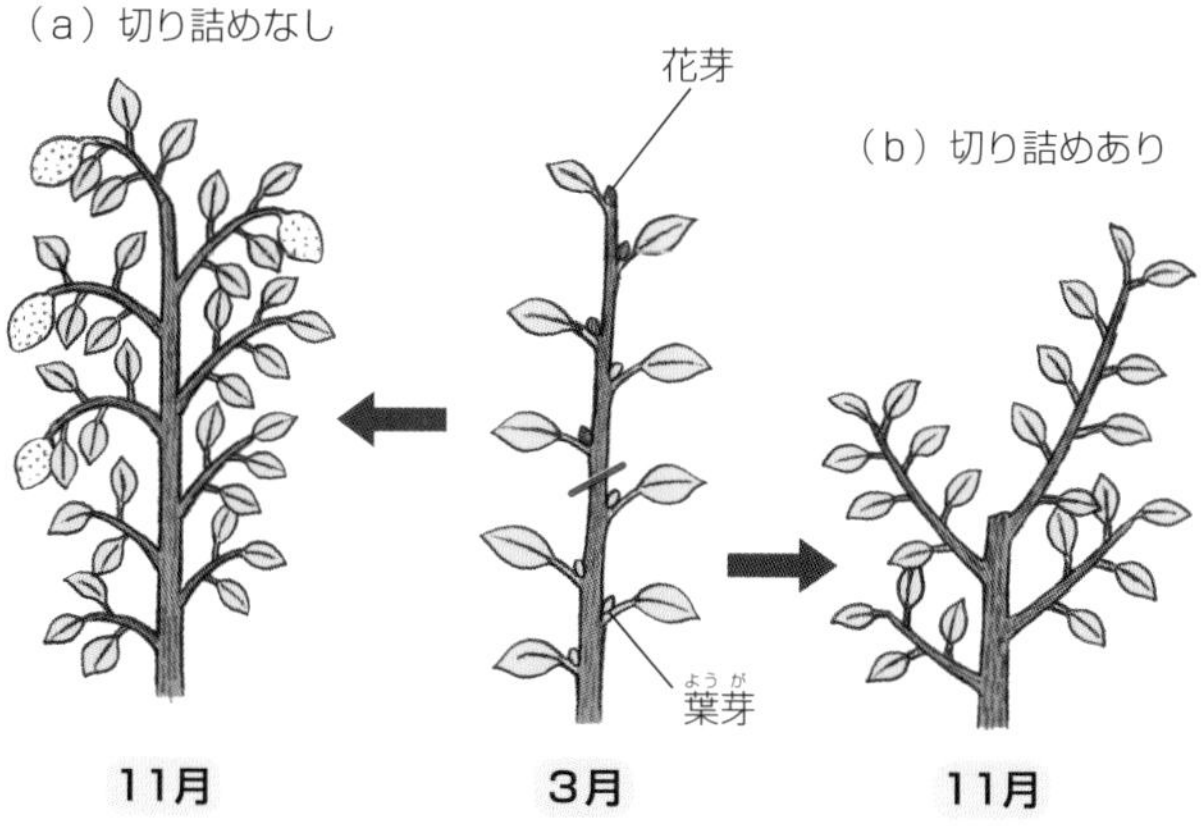

※花芽と葉芽の区別は外見ではつかない。

▲枝を切り詰めない場合（a）と、切り詰めた場合（b）。柑橘は花芽の大半が先端付近にあるので、切り詰めすぎると翌シーズンに収穫できなくなる。ただし例外として、春枝（93ページ）にはつけ根付近まで花芽がつくことがあり、切り詰めても果実がなる場合もある。

コラム

剪定後の作業1　癒合《ゆごう》促進剤を塗る

手順①～③の各段階が終わったら、剪定による枯れ込みや病原菌の侵入を防ぐために、切り口に市販の癒合促進剤（商品名：トップジンMペーストなど）を塗ります（枝を切りながら、その都度塗ってもよい）。癒合促進剤とは殺菌剤が練り込まれたペースト状の液体で、塗布して空気に触れるとしだいに固まります。どうしても入手できない場合は、木工用接着剤（ボンドなど）でも代用可能です。すべての切り口に塗布するのは大変なので、切り口の直径が1㎝以上の部分を選んで優先的に塗るとよいでしょう。

▲衣服などに付着すると取り除くのが困難なので、固まるまでは触れないように注意する。

コラム

剪定後の作業2　誘《ゆう》引《いん》を行う

真上に向かって伸びる枝は、長くて太く徒長する傾向にあります。この枝は徒長枝とよばれ、無駄に養分を消費するため、花芽（95ページ）がつきにくく結実することはありません。徒長枝の発生を防ぐには、将来的に木の骨格となる枝をひもを使って横向きにすると効果的です。左図のように幼木の頃から枝が斜め～横方向になるように誘引しましょう。特にユズでは枝が真上に伸びやすいので、ぜひとも誘引を行ってください。

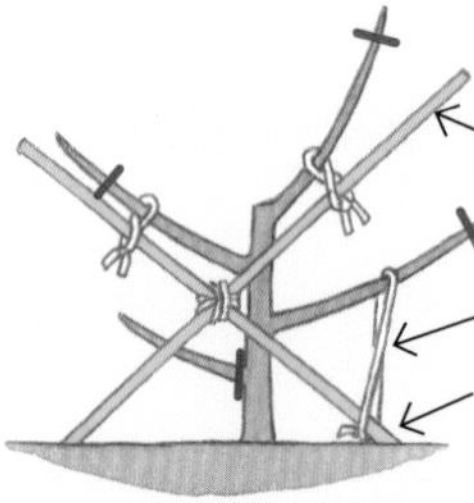

▲地面に打った杭や支柱などにひもを引っかけて、枝を斜め～横方向に引っ張って誘引する。この作業はなるべく幼木のうちから行うとよい（55ページ）。

剪定後の作業3　剪定枝の処分

剪定で切り取った枝には病原菌や害虫が潜んでいる可能性があるため、地面に落としっぱなしにすると春以降の病害虫の感染・発生源になる恐れがあります。

そこで、剪定が終わったら切り取った枝を残らず拾い集め、ひもなどでまとめましょう（左写真）。まとめた枝は、居住地の自治体の指示に従って適切に処分します。落ち葉についても同様に拾い集めて処分すると、病害虫の発生を低減させることにつながります（107ページ）。

▲拾い集めた枝は、まとめて木の近くに放置する（上写真）だけはなく、自治体の指示に従って処分するなどして病害虫の感染・発生源にならないようにする。

4章
日常の管理

年間を通して注意が必要な置き場や水やり、施肥、病害虫については、本章でまとめています。加えて、晩秋に行う防寒対策や春・秋に行う鉢植えの植え替えについても柑橘の生育を左右する重要な作業なので、詳しく解説しています。これらの管理作業をていねいに行うことが収穫への近道となります。

解説

防寒対策

適期　11～2月

庭植えの防寒対策

2 白色の寒冷紗《かんれいしゃ》や不織布《ふしょくふ》を巻きつける。

3 上下をひもで固定する。

1 わらなどでマルチングをする。

越冬果実の袋かけ

育てている柑橘の耐寒気温（16ページ）よりも居住地の冬の最低気温が低くなる場合は、木に防寒対策を施す必要があります。

庭植えの防寒対策

柑橘は寒さに弱いので、寒冷地では庭植えではなく、鉢植えにするのが原則です。ただし、居住地の最低気温と、植えてある柑橘の耐寒気温が近い場合や、数年に一度の寒波が到来することが予想される場合には、上の写真のように防寒対策を施すことで多少の寒さには対応できます。特に植えつけ3年以内の幼木は、寒さに弱いので対策が必要です。また、1～7月に収穫する柑橘の果実に市販の果実袋をかけると、越冬果実におけるス上《あ》がり（83ページ）などの寒害の被害を軽減できます。

鉢植えの防寒対策

冬は、日当たりのよい室内などに置き場を移動させます。最低気温と耐寒気温が近い場合に限り、室内に取り込まず、次ページの対策を施します。

●鉢植えの防寒対策

用意するもの

①鉢植え　②①より二回り大きな鉢
③土（庭土でも可）
④土入れや移植ごて
⑤白色の寒冷紗や不織布　⑥ひも

1 二回り大きな鉢に鉢植えを入れて、鉢の間に土を入れる。この土は保温用なので庭土などでもよい。この状態を二重鉢という。

2 白色の寒冷紗や不織布を地上部の防寒のために巻きつける。布は白色のほうが日光を通しやすい。巻きつけたらひもで上下を固定する。

3 寒さが緩んだ2月下旬頃に防寒対策を解除する。この対策を施しても2～3℃程度の保温効果しか期待できないので、最低気温と耐寒気温に5℃以上の隔たりがある場合は、鉢植えを室内に取り込んだほうがよい。

解説

鉢植えの植え替え

適期　2〜4月、9〜10月

●植え替えの目安

下のいずれかに該当すれば、根詰まりしている可能性があるので、植え替える。

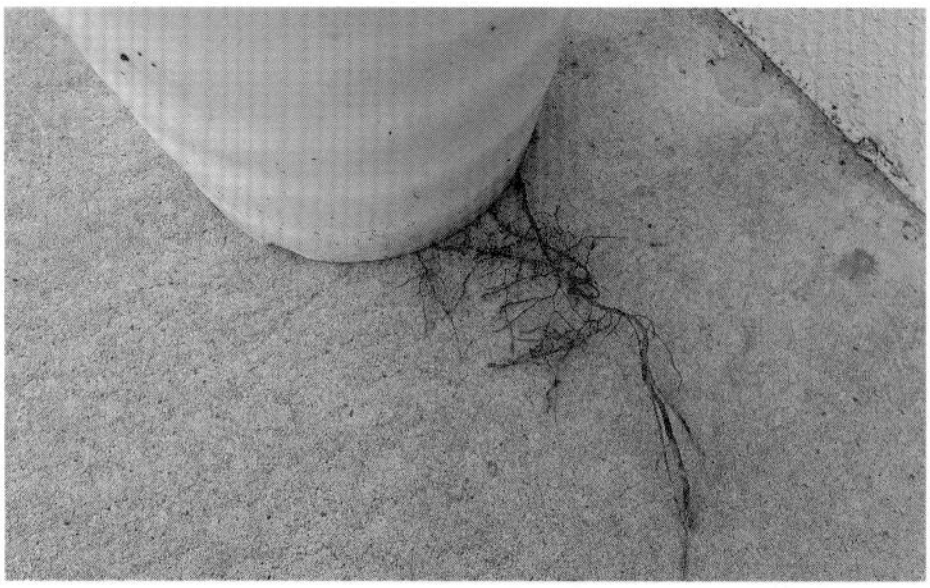

◀鉢底から根が出ている

◀水やりの水が1分以上しみこまない

鉢植えでは、根が伸びる空間が鉢の中だけに限られているので、植えつけから数年経過すると鉢の中が古い根でいっぱいになります。古い根は水をうまく吸うことができないため、適切な頻度で水やりをしてもしおれたり、葉が黄色くなったりすることがあります（根詰まり）。

根詰まりをしたさいは、植え替えにより、新しい根が伸びるスペースを確保する必要があります。植え替えには、次の2つの方法があります。

①一回り大きな鉢に植え替える

育てている鉢がまだ小さく、鉢のサイズとともに木も大きくしたい場合は、一回り（直径3〜6㎝程度）大きなサイズの鉢に植え替えます。この植え替えは鉢増しともいいます。鉢への植えつけ（49ページ）と同じ手順で行います。

②同じ鉢に植え替える

鉢を大きくしたくない場合でも植え替えが必要です。次ページの手順で同じ鉢に植え替えます。

●同じ鉢に植え替える手順

1 木の鉢を倒し、鉢底から根が飛び出ていたら切り取って、株を抜く。抜けないようなら、鉢をたたくと抜けやすい。

2 底の面の根を３cm程度、のこぎりで切り詰める。適期であれば、根を切り詰めても木が弱ることはほとんどない。

3 2と同様に、側面の根も周囲を３cm程度、のこぎりで切り詰める。株を回しながら切ると効率的に作業できる。

4 同じ鉢に新しい鉢底石《はちぞこいし》を３cm程度敷き詰め、新しい用土（48ページ）を５～10cm入れて株を入れ、高さを確かめる。同じ鉢に新しい用土を入れて植え戻す。

5 接《つ》ぎ木《き》苗の場合は、接ぎ木部（こぶ状に膨らんだ部位）が土に隠れると樹勢が強くなり、実つきが悪くなることもあるので、深植えにならないように注意する。

6 たっぷりと水をやって完成。なお、用土は鉢の縁から３cm程度下の高さまでとする。水やりのさいにこのスペースに一時的に水がたまるので、ウオータースペースという。

解説

鉢植えの置き場

●置き場

▲常に同じ方向から日光が当たると、木の形がいびつになるので、定期的に90°程度回転させるとよい。

◀冬は日当たりのよい室内に取り込む。鉢の下に受け皿を置いて水漏れに対処する。

▲春～秋は日当たりのよい軒下に置くのが理想的。日光は当たるほど生育や実つきがよくなるので、最低でも1日3時間以上は直射日光が当たるとよい。

春～秋は日当たりのよい軒下に

どんな柑橘でも日当たりを好みます。日光が長く当たるほど木の育ちがよくなり、果実の生育もよくなるので、なるべく日当たりのよい場所に置き、十分に光合成させましょう。

病気の原因の多くが糸状菌（カビの仲間）で、雨などの水によって感染・増殖します。そのため、雨などが直接当たらない軒下などに移動させると、黒《こく》点病《てんびょう》などや灰色かび病などの病気が激減します。軒下の日当たりが悪いという場合でも、降雨の多い梅雨時だけは移動させると病気から守ることができます。

冬は室内に

居住地の最低気温が、育てている柑橘の耐寒気温（16ページ）と近いか低くなる地域では、寒さから木を守るために室内などに取り込みます。冬でも光合成をするので、日当たりのよい窓側に置くとよいでしょう。室内では、暖房器具の温風が枝葉に直接当たらないように注意します。

解説

鉢植えの水やり

●ふだんの水やり

▲ふだんの水やりでは、枝葉がぬれないよう、株元に向かって地表に水をかける。枝葉がぬれた状態が続くと、黒点病や灰色かび病が発生することがある。

●葉水《はみず》

▲枝葉に直接水をかける「葉水」。すぐ乾く晴天時に行えば問題ない。

水やりは土の表面が乾いたら

鉢植えでは、根の生育する範囲が制限されているため、定期的な水やりが必要です。病気の発生を抑えるため軒下に置く場合は、特に鉢土が乾燥しやすくなります。

水やりのタイミングの基本は、「鉢土の表面が乾いたらやる」です。目安は、春は2〜3日に1回、夏は1日1〜2回、秋は1〜3日に1回、冬は3〜7日に1回です。水をやるさいには、枝葉に水がかからないように鉢土に向かって行うと、病気の発生が抑えられます。

葉水《はみず》は枝葉に直接水をかける

前ページで解説したように病気の多くが水によって感染・増殖するので、水やりは枝葉にかからないようにするのが基本です。しかし例外もあり、高温期に枝葉の温度を下げたり、汚れやハダニなどの害虫を洗い流したりする目的の「葉水」（上写真）は、晴天時に限って行ってもよいでしょう。

解説

施肥《せひ》

●肥料を施す場所

鉢植えの場合

▲鉢土の表面に均一に施す。

庭植えの場合

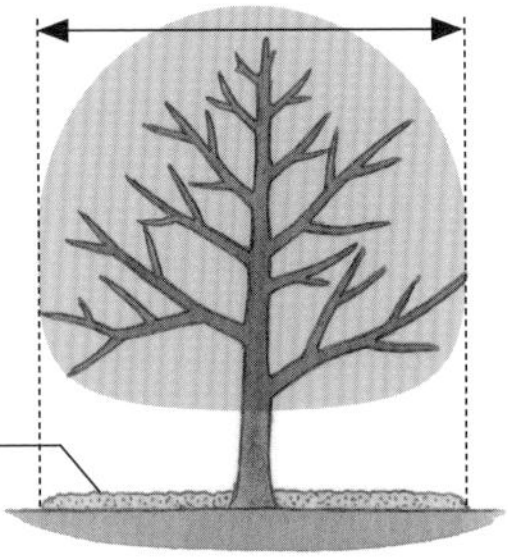

●施肥の時期と割合の目安

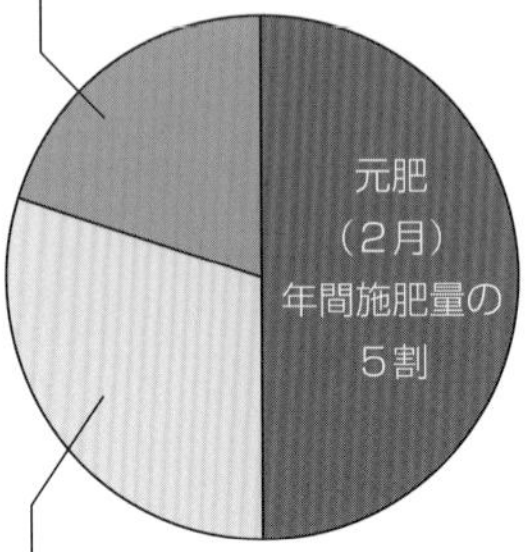

年間3～4回に分けて与える

肥料は、一度に大量に施しても、根が傷んだり、吸収されないうちに流出したりしてしまいます。そこで、柑橘では元肥《もとごえ》（2月）、追肥《ついひ》（6月、9月）、お礼肥《れいごえ》（11月）として、年間3～4回に分けて施すのが一般的です。

元肥は、枝葉の発生や結実を促す目的で2月に施します。また、休眠期に土の物理性（ふかふか度）を向上させる狙いもあります。

追肥は、果実の肥大を促す目的で施します。温州《うんしゅう》ミカンなど12月までに収穫する柑橘は、成熟前に肥料が効きすぎると成熟遅延や低糖度の原因となるので、追肥は6月のみがおすすめです。一方、収穫時期の早い香酸柑橘や、収穫が1月以降の柑橘は、半量ずつ6月と9月に分けてもよいでしょう。

お礼肥は、収穫までに消耗した栄養を補給する目的で施します。12月までに収穫が終わる柑橘はもちろん、1月以降に収穫する柑橘も11月に施し、秋までに消耗した栄養を補います。

●施肥量の目安

施肥時期	肥料の種類	鉢植え			庭植え		
		鉢の大きさ（号数）			樹冠直径		
		8号	10号	15号	1m未満	2m	4m
2月	油かす※1	60g	90g	180g	240g	960g	4000g
6月※3	化成肥料※2	18g※3	27g※3	54g※3	70g※3	280g※3	1000g※3
11月	化成肥料※2	12g	18g	36g	50g	200g	800g

※1　油かすはN：P：K＝5：3：2など
※2　化成肥料はN：P：K＝8：8：8など
※3　収穫適期が1月以降の柑橘や香酸柑橘は、半量ずつ6月と9月に分けて施してもよい。

土の表面に施す

庭植えは、枝葉が茂る範囲（樹冠）の地表に均一に施します。余裕があれば、鍬《くわ》などで土に軽くすき込むと吸収が促進されます。

鉢植えは、鉢土の表面に均一に施すだけで、土にすき込む必要はありません。

元肥は長く、追肥は迅速に効くように

肥料は有機質肥料（油かす、鶏《けい》ふんなど）と無機質肥料（化成肥料、尿素など）に大別されます。最近では有機質肥料が人気ですが、土の物理性（ふかふか度）と化学性（栄養面）を満たせれば、有機質肥料でも無機質肥料でも問題ありません。

元肥は、土の物理性を改善し、効果を持続させたいので、油かす（チッ素〔N〕：リン酸〔P〕：カリウム〔K〕＝5：3：2など）がよいでしょう。追肥やお礼肥では、迅速に高い効果を得たいので、化成肥料（N：P：K＝8：8：8など）がおすすめです。施肥量は上表が目安です。

無農薬・減農薬で栽培するコツ（病害虫対策）

レモンやユズなど果皮を料理などで利用することも多い柑橘は、薬剤の使用はできれば控えたいところです。予防と対処で病害虫を防ぎましょう。

まずは病害虫の予防を徹底する

病害虫の被害を防ぐためには、予防がもっとも重要です。次の①～④を徹底して、病害虫の発生を未然に防ぎましょう。

①木の状態を健全に保つ

疲れて免疫力が落ちている人が病気にかかりやすいのと同様に、植物も生育状態が悪いと病害虫の被害を受けやすくなります。摘果《てきか》や剪定《せんてい》などの作業のほか、水やりや置き場（鉢植えの場合）、施肥《せひ》などの日常の管理をしっかり行って、木の状態を健全に保つように心がけましょう。

②日当たり、風通しをよくする

病原菌や害虫は日当たりや風通しの悪い場所を好むので、庭植えは植えつけ場所を、鉢植えは置き場をなるべく日当たりや風通しのよい場所にすることが重要です。加えて、毎年2～4月に剪定（90ページ）をして、枝が混み合わないように間引くこともポイントです。

③雨に当てないように

糸状菌というカビの仲間が原因菌になる場合、感染・増殖には水が必要です。そのため、鉢植えの場合は置き場を日当たりがよく、雨が当たらない軒下にすることで病気の発生が激減します。庭植えの場合は、摘果（72ページ）後の7～9月頃の幼果に市販の果実袋をかけると、果実だけでも被害から守れ

▲摘果後の果実に果実袋をかける。

▲リンゴ用などのサイズが合う果実袋を流用するとよい。

ます。

水やりのさいには、枝葉や果実には水をかけないように株元に向かってやりましょう（１０３ページ）。ただし、晴天時に行う葉水《はみず》（同）は例外です。

④枯れ枝や落ち葉、剪定枝を処分し、トゲを取る

枯れ枝や落ち葉（85ページ）、剪定枝（96ページ）には病原菌のほか、害虫やその卵などが潜んでいる可能性があるので取り除きましょう。

トゲに触れて枝葉や果実などに傷ができると、その傷口が病原菌（かいよう病など）の侵入ルートになることもあるので、トゲは見つけしだい、つけ根から切り取ります。トゲを切り取っても柑橘の生育に悪影響はないので、安心して行ってください。

▲落ち葉拾いは地味な作業だが、病害虫防除の効果が高い。

▲トゲは人間にとっても危険なので見つけしだい、切り取る。

発生したらただちに対処する

予防を徹底していても病害虫が発生してしまったら、次の①～②の方法でただちに対処します。

①手で取るか、水で洗い流す

害虫を見つけたら、手袋や割り箸などを用いて取り除きます。病気の被害部も発生初期であれば、感染拡大を防ぐために取り除きます。ミカンハダニ（69、81、１０９ページ）などの小さい害虫は、水がすぐに乾く晴天時を選び、枝葉や果実に水をかけて洗い流す葉水を行うとよいでしょう。

②奥の手は薬剤散布

薬剤は極力使いたくないとはいえ、毎年のように病害虫が発生して困る場合は、散布を検討しましょう。少量の薬剤を散布するだけで、病害虫の発生が激減することがあります。また、発生前の冬～夏に散布することで、抜群の予防効果がある薬剤もあります。１０８～１０９ページや3章の各月の病害虫の写真を参考にして発生している病害虫の名前を調べ、１１０ページに記載のある薬剤を散布します。

●写真で見分ける病気

かいよう病（89ページ）

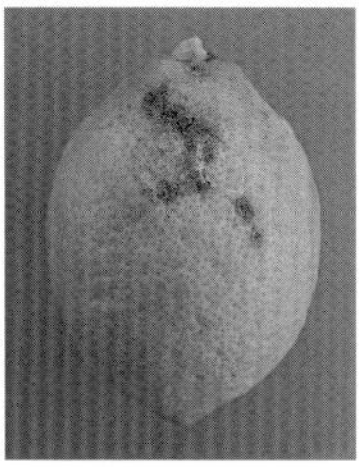

枝、葉、果実にコルク状の斑点ができる。傷から病原菌が侵入するので、傷の原因となるトゲを切り取る。

そうか病（61ページ）

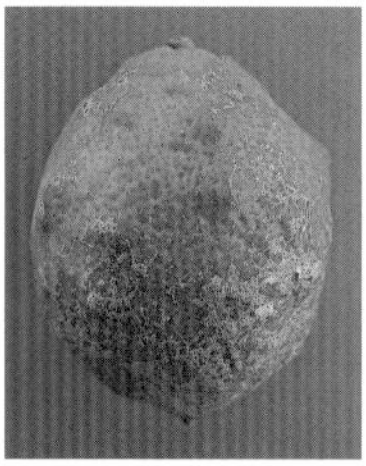

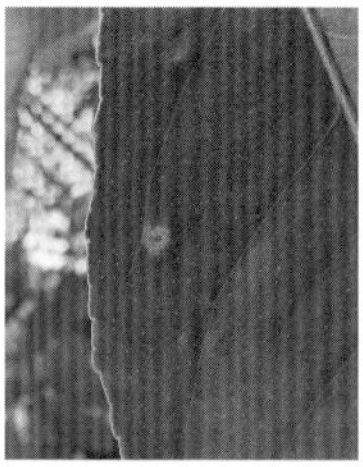

枝、葉、果実にイボ状もしくはカサブタ状の突起が発生する。発生初期に被害部を取り除く。温州《うんしゅう》ミカンやレモンでは発生しやすい。

黒点病《こくてんびょう》（67、71ページ）

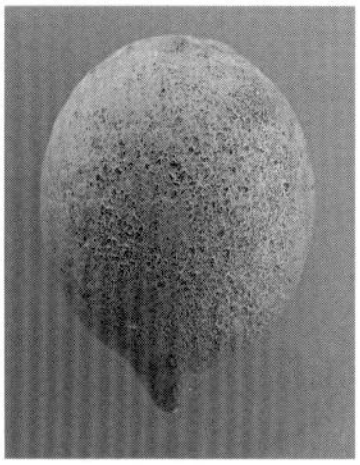

軸腐病《じくくされびょう》

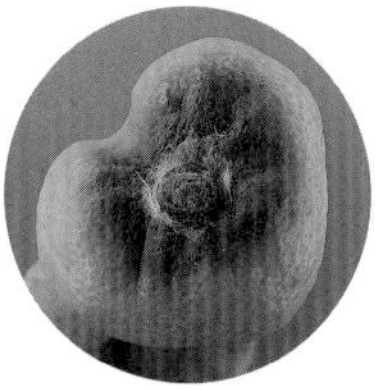

枝、葉、果実に小さな黒斑《こくはん》ができる。病原菌が越冬する枯れ枝を取り除く。保存中の軸腐病も同じ病原菌が原因となる。

灰色かび病（63ページ）

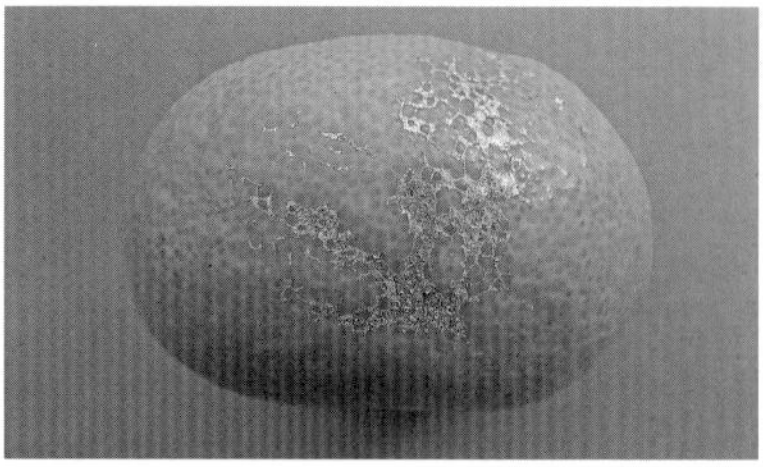

花弁が落ちずに残ると、カビが生えて、接している果実が灰色にくぼむ。開花後に花弁を取り除くと発生しにくい。

すす病（71ページ）

枝、葉、果実の表面が黒く汚れる。汚れは表面のみ。カイガラムシ類やアブラムシ類の防除を徹底する。

緑（青）かび病

保存中の果実に白色、青色、緑色のカビが生える。収穫時に果実を傷つけないようにし、収穫後の果実を少し乾かすとよい（予措《よそ》）。

●写真で見分ける害虫

アブラムシ類（61ページ）

若い枝葉に密集して吸汁し、葉が縮れる。見つけしだい、手で取り除くか水で洗い流す。すす病の原因にもなる。

ミカンハモグリガ（71ページ）

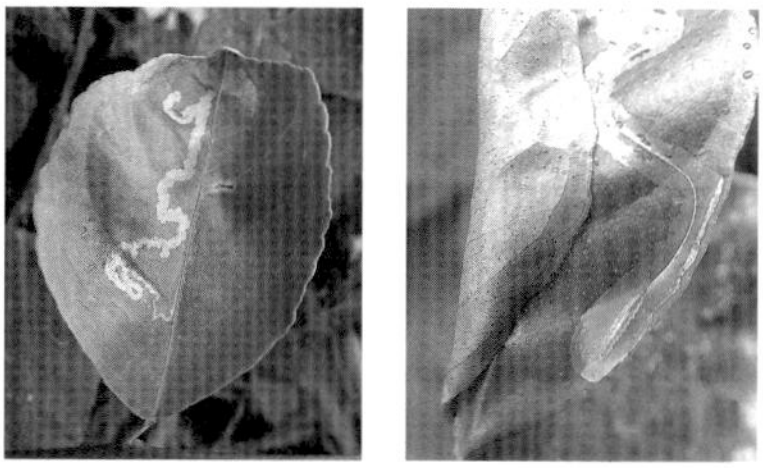

幼虫が若い枝葉の内部にもぐり、白い筋を残しながら食害する。右写真は幼虫が残っている葉。特に気にしなくてもよい。

カミキリムシ類（67ページ）

幼虫が木くずやふんを出しながら地際の幹に穴をあけて食害し、木が枯れることもある（左写真）。見つけしだい、捕殺する。右写真は成虫。

カイガラムシ類（67、87ページ）

ヤノネカイガラムシ、ルビーロウムシなどが発生して、枝葉や果実を吸汁する。見つけしだい、歯ブラシでこすり落とす。写真はヤノネカイガラムシの雌成虫と雄幼虫。

ミカンハダニ（69、81ページ）

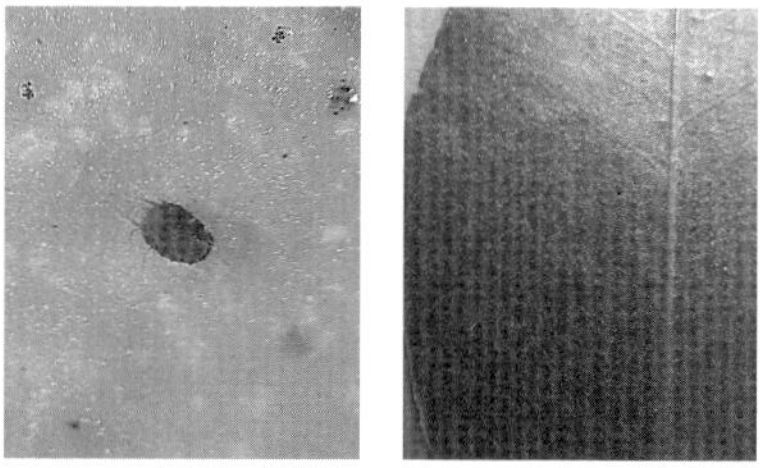

枝、葉、果実を吸汁する。成虫は0.4mm程度と小さい（左写真）。水を嫌うので、晴天時に枝葉に水をかけて洗い流す。

ミカンサビダニ（69ページ）

主に果実を吸汁し、表面が黒色や灰色に汚れて固くなる。梅雨や秋雨の前の薬剤散布が効果的。

柑橘に使用できる薬剤一覧

柑橘に使用できる薬剤のうち、園芸店などでも容易に入手できるものをまとめました。病害虫で毎年のように困る場合は、散布を検討しましょう。

●柑橘に農薬登録のある殺菌剤の例

（2020年10月現在）

薬品名（薬剤名）／病気名	サンボルドー（銅水和剤）	エムダイファー水和剤（マンネブ水和剤）	GFベンレート水和剤（ベノミル水和剤）	トップジンMゾル（チオファネートメチル水和剤）	トップジンMペースト（チオファネートメチルペースト剤）
かいよう病	○				
そうか病	○		○※	○※	
黒点病		○			
灰色かび病			○※		
軸腐病			○	○	
緑（青）かび病			○	○	
幹腐病 切り口の枯込防止					○

※　温州ミカンのみ

●柑橘に農薬登録のある殺虫剤の例

（2020年10月現在）

薬品名（薬剤名）／害虫名	家庭園芸用マラソン乳剤（マラソン乳剤）	モスピラン液剤（アセタミプリド液剤）	ベニカベジフルスプレー（クロチアニジン液剤）	園芸用キンチョールE（ペルメトリンエアゾル）	ベニカ水溶剤（クロチアニジン水溶剤）	キング95マシン（マシン油乳剤）	ダニ太郎（ビフェナゼート水和剤）
アブラムシ類	○※	○	○		○		
ミカンハモグリガ			○		○		
ゴマダラカミキリ				○	○		
アゲハ類					○		
アザミウマ類					○		
カイガラムシ類	○※					○	
ミカンハダニ	○※					○	○
ミカンサビダニ						○	○

※　夏ミカンを除く

資料:「農薬登録情報提供システム」（農林水産消費安全技術センターホームページ）

注意１　登録内容は随時更新されるので、最新の登録情報に従って散布する。

注意２　薬液の希釈倍率、使用液量、処理時期、総使用回数はラベル等の表記を遵守する

注意３　薬剤を散布するさいには、風のない日を選ぶ。

5章
繁殖

柑橘栽培初心者は、苗木を購入して栽培することをおすすめしますが、レベルアップを目指すなら、自分で苗木をつくってもよいでしょう。また、今育てている木に接ぎ木をすることによって、1本の木から複数の品種の果実を収穫することも可能です。

※繁殖時の注意

品種登録がされて権利が存続している品種については、種苗法により販売目的での繁殖が禁止されており、自家用であっても繁殖には許諾が必要になるので注意しましょう。なお、品種登録がされていない一般品種の自家用の繁殖(自家増殖)は行えます。

苗木のつくり方

苗木を購入しないで自分でつくってみるのも一興です。次の①～④の繁殖方法がありますが、初結実が早くて大木になりにくい接《つ》ぎ木《き》が一般的です。

▲挿し木苗

▲実生苗

▲取り木苗

▲接ぎ木苗

接ぎ木がおすすめ

①実生苗《みしょうなえ》（播種《はしゅ》してできた苗木：113～114ページ）

気軽に殖やせる一方で、初結実までに8年程度はかかるほか、異なった性質をもつ株になる可能性があるので、観賞用や台木（116ページ）としての利用が一般的です。

②接ぎ木苗（116～119ページ）

同じ性質の苗木が得られ、初結実までの年数が早くなります。カラタチなどを台木に利用することで、耐寒性が高まり大木化しにくいので、もっとも利用されています。

③挿し木苗

ほかの果樹と異なり、柑橘は枝を土に挿しても発根しにくいほか、大木化しやすいためほぼ利用されていません。

④取り木苗

枝に傷をつけて水ゴケを巻き、発根してから切り離して苗木を得ますが、挿し木と同じ理由で利用されていません。

解説

播種《はしゅ》

適期　周年（特に3～4月）

果実を食べた後に残った種子は、思わずまいてみたくなります。柑橘は種子から育てると初結実までに8年程度かかりますが、気長に待つ覚悟があれば挑戦してみましょう。まいた種子から家庭で新しい品種が誕生するかもしれません。また、接ぎ木で苗木をつくる場合に必要な台木をつくることもできます。

気温が上昇する3～4月が播種の最適期ですが、室内でまいて夜温を10℃以上に確保できれば、どの時期にまいても2週間ほどで発根、発芽します。このため、果実から取り出した種子は、いつでもまくことができます。

庭などに種子を直接まくより、次ページのようにぬらした脱脂綿にまいて、室内で発根、発芽したのちに鉢上げして、屋外に出したほうが失敗しにくいでしょう。脱脂綿に播種することで、多胚《たはい》の柑橘がいくつも発芽する様子を詳細に観察することもできます（114～115ページ）。

コラム

ユズの大馬鹿20年?

「桃栗3年、柿8年」とは、種子をまいてから初結実までの年数を表したもので、ものごとには時間がかかるという意味のことわざですが、古くは江戸時代後期の文献に記載があるそうです。

このことわざには、後世になってから、「枇杷《びわ》は9年でなりかねる、梅は酸いとて13年、柚子の大馬鹿20年」という文言が加わっています。地域や年代によって諸説あるようですが、昔からユズは初結実までに年数がかかる果樹の象徴だったのでしょう。

実際、20年はいいすぎかもしれませんが、ユズは大木になりやすく、枝の生育もよすぎて花や果実に栄養が回りにくいので（45ページ）、種子から育てると初結実までに10年以上かかる例も多くみられます。初結実までの年数を短縮するには、鉢植えで育てるほか、多肥《たひ》や過剪定《せんてい》に注意し、枝を横向きに誘引《ゆういん》（96ページ）すると効果的です。

●播種の手順

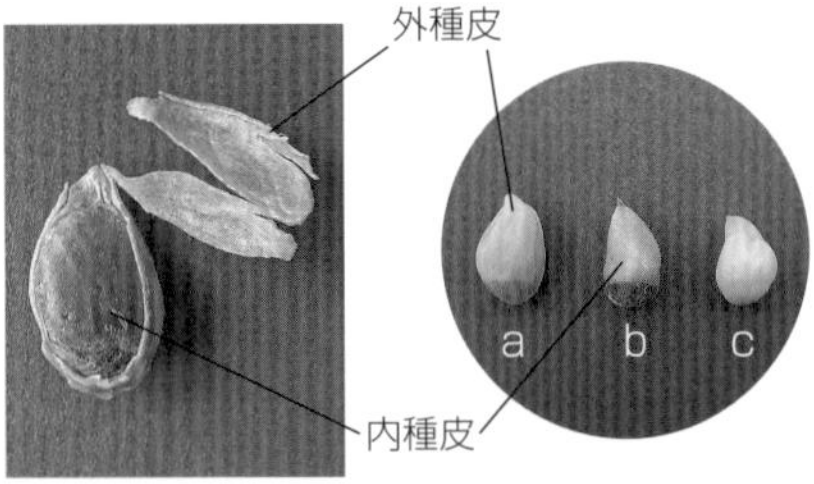

1 種子（a）の外の厚い皮（外種皮）をむく（b）。可能であれば、中の薄い皮（内種皮）もむくとよい（c）。種皮をむくことでカビが生えにくくなり、発根、発芽が７日ほど早くなる。

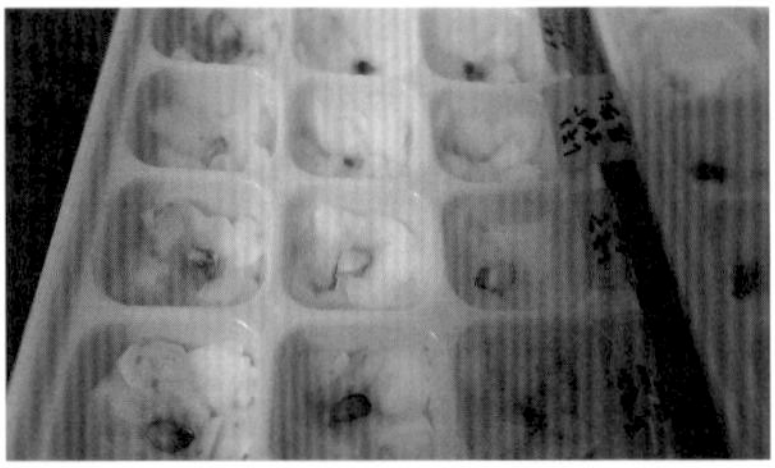

2 トレイなどに脱脂綿（カット綿）を４重にしてのせて水をしみこませ、外種皮や内種皮をむいた種子を１粒ずつまく。製氷皿などの仕切りがある容器を使用すると便利。播種後は定期的に水をやる。

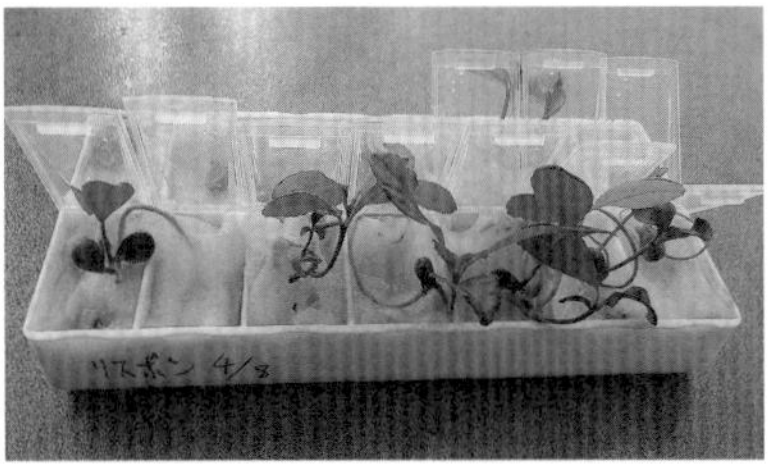

3 夜温を10℃以上に確保できれば、２週間ほどで発根、発芽する。播種から１～２か月で鉢上げする。写真は播種から２か月後の様子。

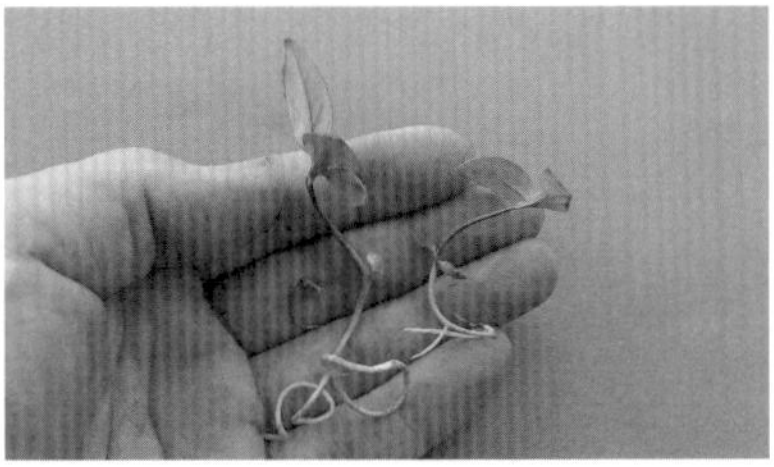

4 １粒の種子から複数発芽しているなら、可能な限りひとつずつに分ける。根がつながっていれば無理しないで、複数がつながったまま鉢上げする。脱脂綿がついたままでもよい。

5 ２～３号程度の鉢に用土を入れ、鉢上げする。用土は「野菜用の土」など何でもよい。

6 鉢上げ後、定期的に水をやる。４～10月は日当たりのよい屋外、11～３月は日当たりのよい室内に置く。生育に応じて植え替え（100ページ）をする。

コラム

1個の種子からたくさん発芽

柑橘の多くは、下の写真のように1個の種子が複数に分かれて、複数発芽する性質（多胚《たはい》性）をもっています。この現象は、種子の形成時に珠心《しゅしん》とよばれる母親由来の組織が異常分裂して、複数の胚（珠心胚）になるために起こります。しかも珠心胚は、肥大するさいに父親と母親の性質を引きついだ受精卵を破壊するため、発芽した個体はすべて母親のクローンになります（ただし、突然変異によって、母親とは違う性質をもつ個体が発生することもある）。胚の数は種類・品種によって異なります（下表）。

一方、同じ柑橘でも、ブンタンやハッサクなどは珠心が異常分裂せず、受精卵が正常に生育します。その結果、発芽はひとつで（単胚性）、父親と母親の両方の性質が引き継がれ、もともとの果実とは異なる性質の果実をつける木になる可能性が高くなります。そのため、柑橘の品種改良では、クローンが生まれにくい単胚性の柑橘が多く利用されます。

柑橘の胚の数

種類・品種	胚の数	単胚・多胚
温州ミカン	20.78	多胚
夏ミカン	4.04	多胚
ユズ	4.90	多胚
リスボン（レモン）	2.38	多胚
バレンシアオレンジ	17.92	多胚
カラタチ	4.98	多胚
本田ブンタン	1.00	単胚
ハッサク	1.02	単胚
マイヤーレモン	1.10	単胚
イヨカン	1.00	単胚

参考：『カンキツ総論』岩堀修一ほか（養賢堂 2011年）

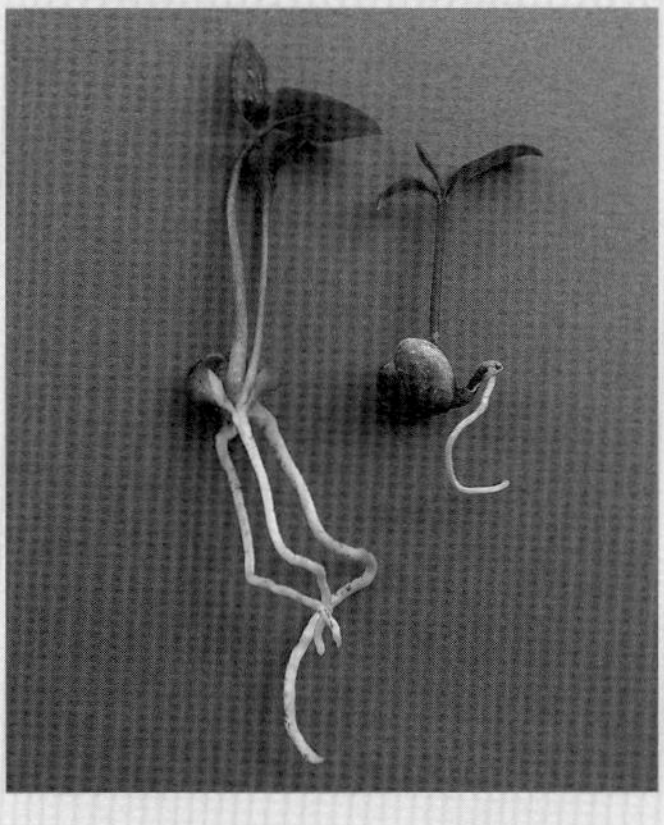

（左）レモンのリスボン、（右）レモンのマイヤーレモン。単胚性のマイヤーレモンは発芽がひとつだが、多胚性のリスボンは、発芽が2つ。このように、同じレモンでも品種によって性質が異なることもある。

解説

接《つ》ぎ木《き》

適期 3〜4月（切り接ぎ）

●穂木の準備

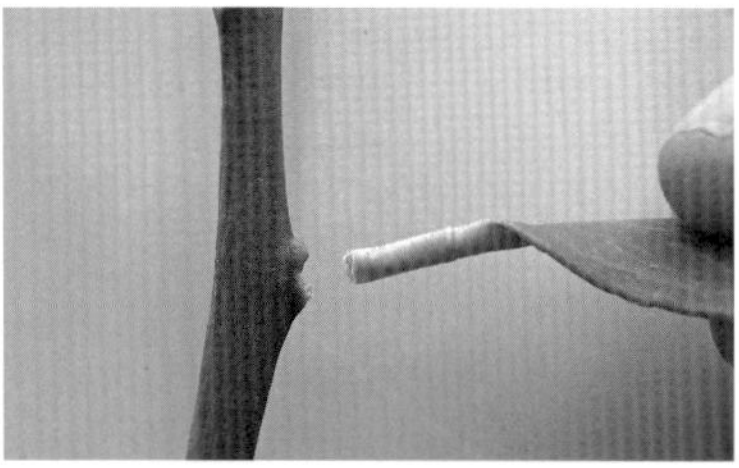

▲葉は、はさみなどを使ってつけ根で切り取る。

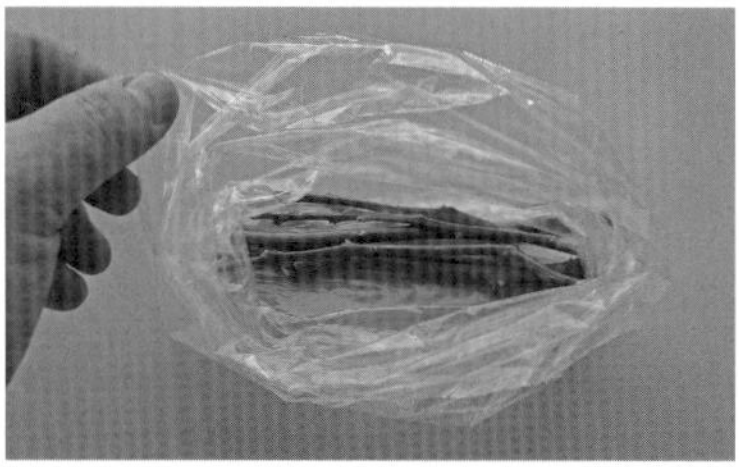

▲枝を20cm程度に切り分けて、ポリ袋に入れて密封し、冷蔵庫の野菜室で保存。

●台木の準備

▲播種から2年後のカラタチ。接ぎ木に適した幹の太さは7mm程度。

苗木を自身でつくるための接ぎ木について解説します。次の①〜③の手順で行います。

①1〜2年前から台木をつくる

まずは台木をつくります。台木が接ぎ木に適した幹の太さになるには、1〜2年間は育てる必要があります。そこで、あらかじめ播種《はしゅ》（113ページ）をして台木を用意しておきます。わい性（低木性）や耐寒性に優れたカラタチ（34ページ）の利用が一般的です。これらの種子が入手できない場合は、入手可能なほかの柑橘の種子をまきましょう。

②寒いうちに穂木《ほぎ》を採取しておく

穂木には台木と同程度の太さで、切り口の断面が丸い春枝《はるえだ》（93ページ）を選ぶとよいでしょう。

接ぎ木の適期の3〜4月は、枝の樹液が活発に動いて穂木には不向きなため、枝の生育が緩慢な2月下旬に穂木を20㎝程度に切り分け、葉をつけ根で切り取り、ポリ袋に入れて密封し、冷蔵庫の野菜室で保存しておきます。

●枝の横断面

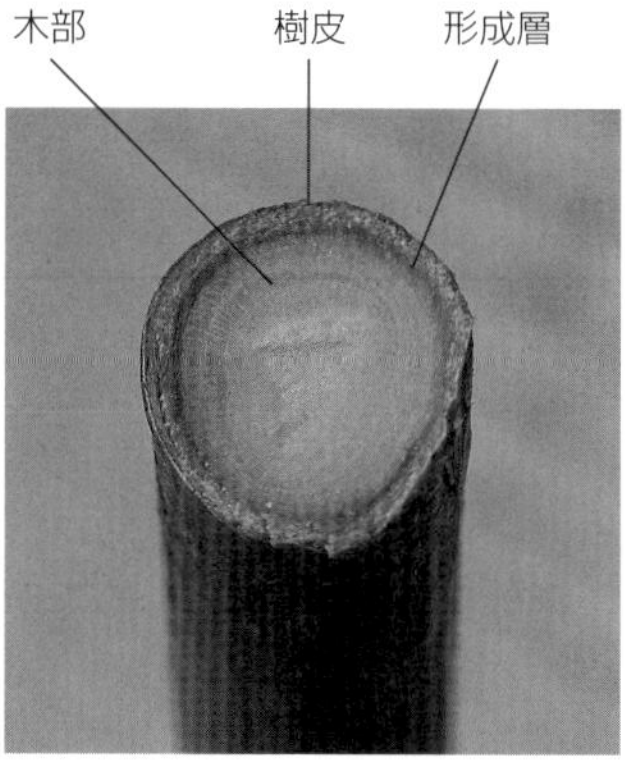

▲穂木と台木の太さを同じにすると、両者の形成層の幅が合う確率が高く、接ぎ合わせたさいに形成層が２本とも合って成功率も高くなる。太さが違う場合は、片側だけでも形成層を合わせるようにする。

●接ぎ木の種類

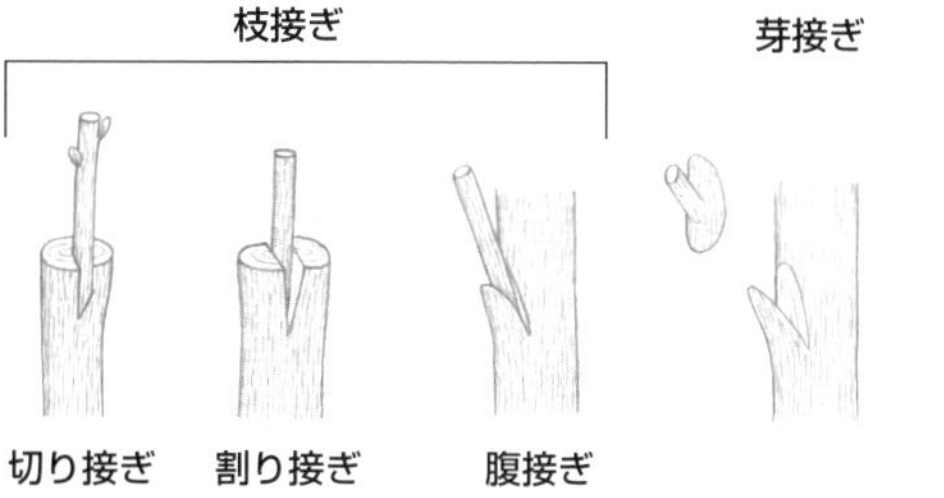

切り接ぎのポイント

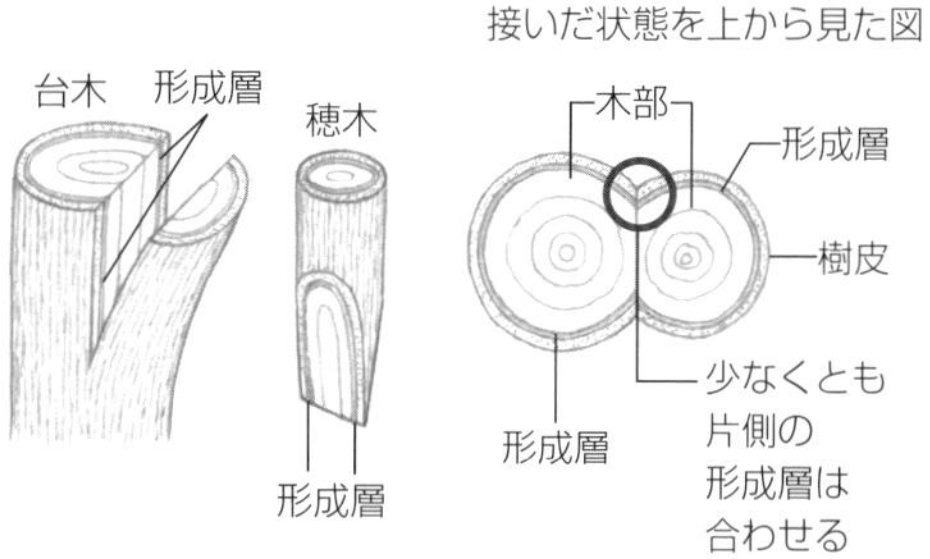

③台木と穂木を接ぎ合わせる

穂木の違いにより、枝を接ぐ「枝接ぎ」と、芽だけを接ぐ「芽接ぎ」に分けられます。枝接ぎは、台木の切り方によってさらに、「切り接ぎ」「割り接ぎ」「腹接ぎ」に分けられます（上図）。

このなかでは初心者でも理解しやすく、成功率が高い、切り接ぎをおすすめします（１１８ページ）。切り接ぎの適期は、３〜４月です。

接ぎ木の最大のポイントは、穂木と台木の形成層を片側だけでもしっかりと合わせることです。形成層とは、樹皮と木部の間にある飴色の細胞層です。形成層では細胞分裂が行われているので、穂木と台木の互いの形成層が合うことで、新しい細胞がつくられて接合します。

接ぎ木の成功には、穂木や台木の切り口が乾燥しないようにすることも重要です。そのためには、枝を切ったらすぐに接ぎ合わせることが重要です。また、接ぎ木後に穂木に触れると接合面がずれるので、半年間は穂木に触れないように注意します。

●切り接ぎの手順

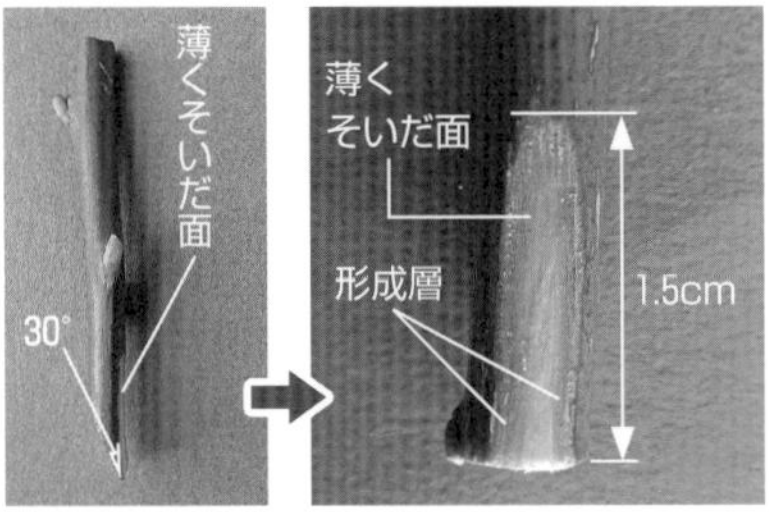

1 穂木が１～２芽になるように切り分ける（左）。接ぎ合わせる部分は、長さ1.5cm程度、深さは形成層が見えるように薄くそぐ（右）。もう片面は先端の角度が約30°になるようにくさび形に切る。

2 台木は作業しやすい位置（地際から５～10cm程度の高さ）で切り詰める。断面がつぶれないようによく切れるはさみで切る。断面が整っていなければ、よく切れる接ぎ木ナイフなどで整える。

3 台木を長さ1.5cm程度、深さは形成層が２本、きれいに露出するように薄く切り下げる。よく切れる接ぎ木ナイフやカッターナイフなどを使うとよい。

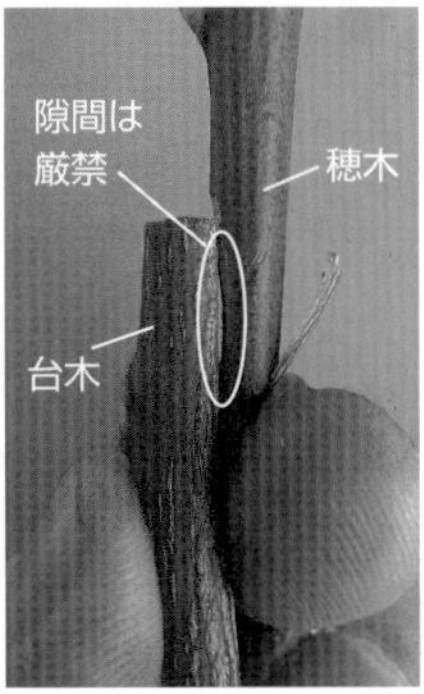

4 台木と穂木を接ぎ合わせる。このとき、左写真のように両者の接着面に隙間があると必ず失敗するので、ぴったりと合うように穂木と台木の切り口を平らにする。

5 形成層どうしが隙間なく合ったら、接いだ部分を専用の接ぎ木テープか、配線用のビニールテープを使ってしっかりと固定する。

6 乾燥防止のために、ポリ袋をかぶせ、針金などで固定する。萌芽《ほうが》した２週間後にポリ袋は外す。屋外の日陰などに置き、穂木には半年間、さわらない。

●高接ぎのイメージ

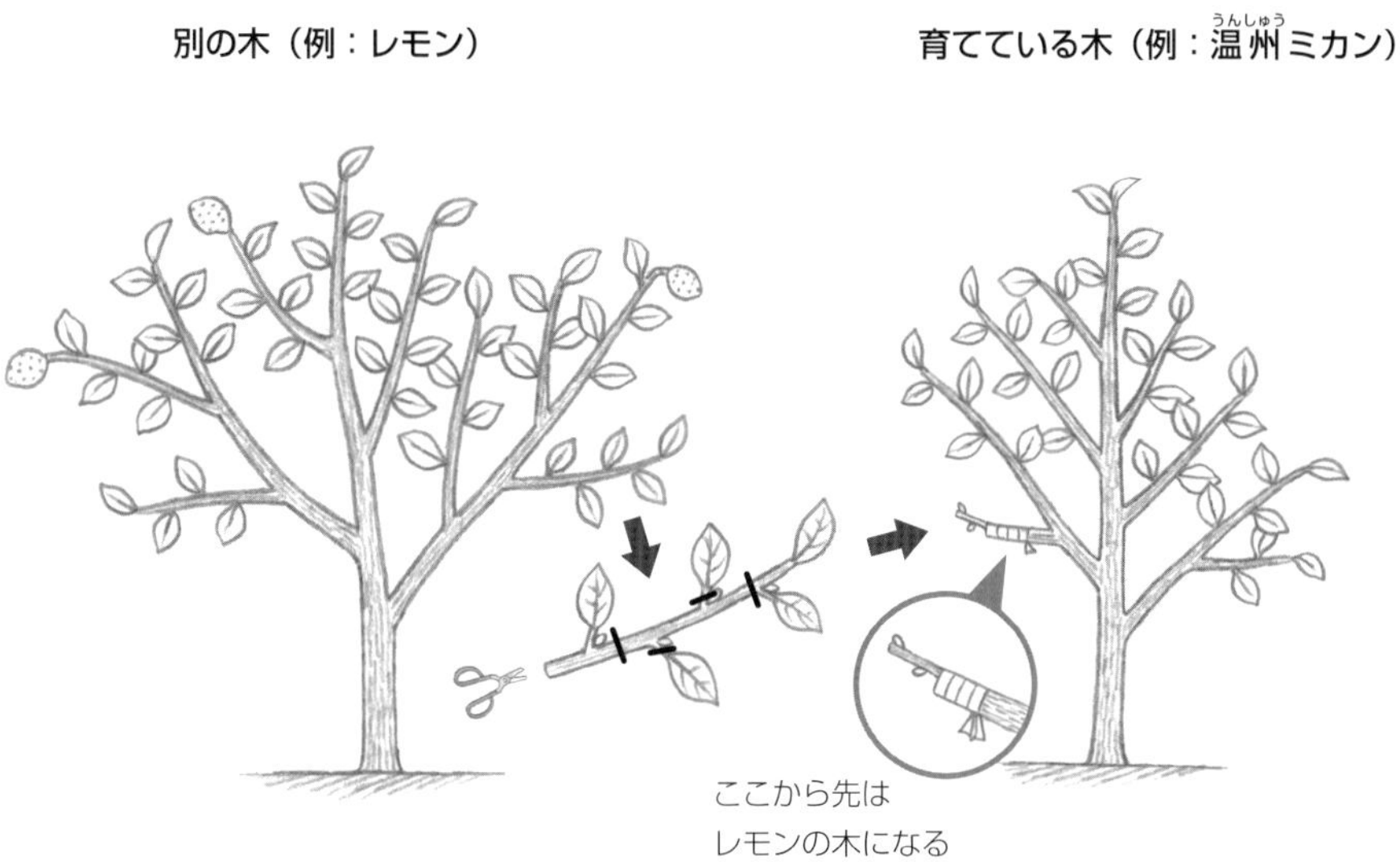

成木に高《たか》接《つ》ぎする

新たに苗木をつくるのではなく、すでに植えてある成木の枝を台木とし、ほかの種類・品種の柑橘の枝を穂木として接ぎ合わせることを、高接ぎといいます。柑橘は互いに相性がよいものが多く、基本的にはどんな種類でも接ぎ合わせることができます（一部、相性が悪い組み合わせもあります）。

木が1本しかなくても、いろいろな柑橘の枝を接ぐことで、早ければ2〜3年後にさまざまな柑橘の収穫を楽しむことができます。接ぎ木をマスターしたら、栽培している木に異なる種類・品種の枝を接いでみましょう。

手順としては、118ページの**2**〜**3**の台木の部分を成木の枝先に替えて、新たに育てたい品種の穂木を接ぎ合わせます。接ぎ木後は、毎年行う剪定《せんてい》で接ぎ木部を切ることにならないように、接ぎ合わせる場所は木の先端ではなく、なるべく太い幹に近い、根元付近の枝にするとよいでしょう。そのためには、若木のうちに接ぐのが理想的です。

コラム

いろいろな柑橘を高接ぎで楽しむ

高接ぎを応用し、収穫時期が異なる柑橘をたくさん接ぎ木すれば、楽しみが広がります。たとえば、庭が狭く温州ミカンの木1本しか植えられなくても、スダチ（収穫時期は8月）、カボス（同9月）、シークワーサー（同10月）、ユズ（同12月）、ネーブルオレンジ（同1月）、カワチバンカン（同2月）、タンカン（同3月）、夏ミカン（同4月）、ヒュウガナツ（同5月）、バレンシアオレンジ（同7月）から2～3種を選んで接ぎ木すれば、複数の柑橘を異なる時期に収穫することも夢ではありません。

ただし、接ぎ木する種類が多すぎると、木の体力が続かず、実つきが悪くなる場合が多いようです。また、穂木がウイルス病に感染していると、接ぎ木した木の全体に感染が拡大してしまいます。

品種登録されて権利が存続している品種は種苗法により販売目的での繁殖が禁止されているほか、自家用であっても許諾が必要なので注意が必要です。

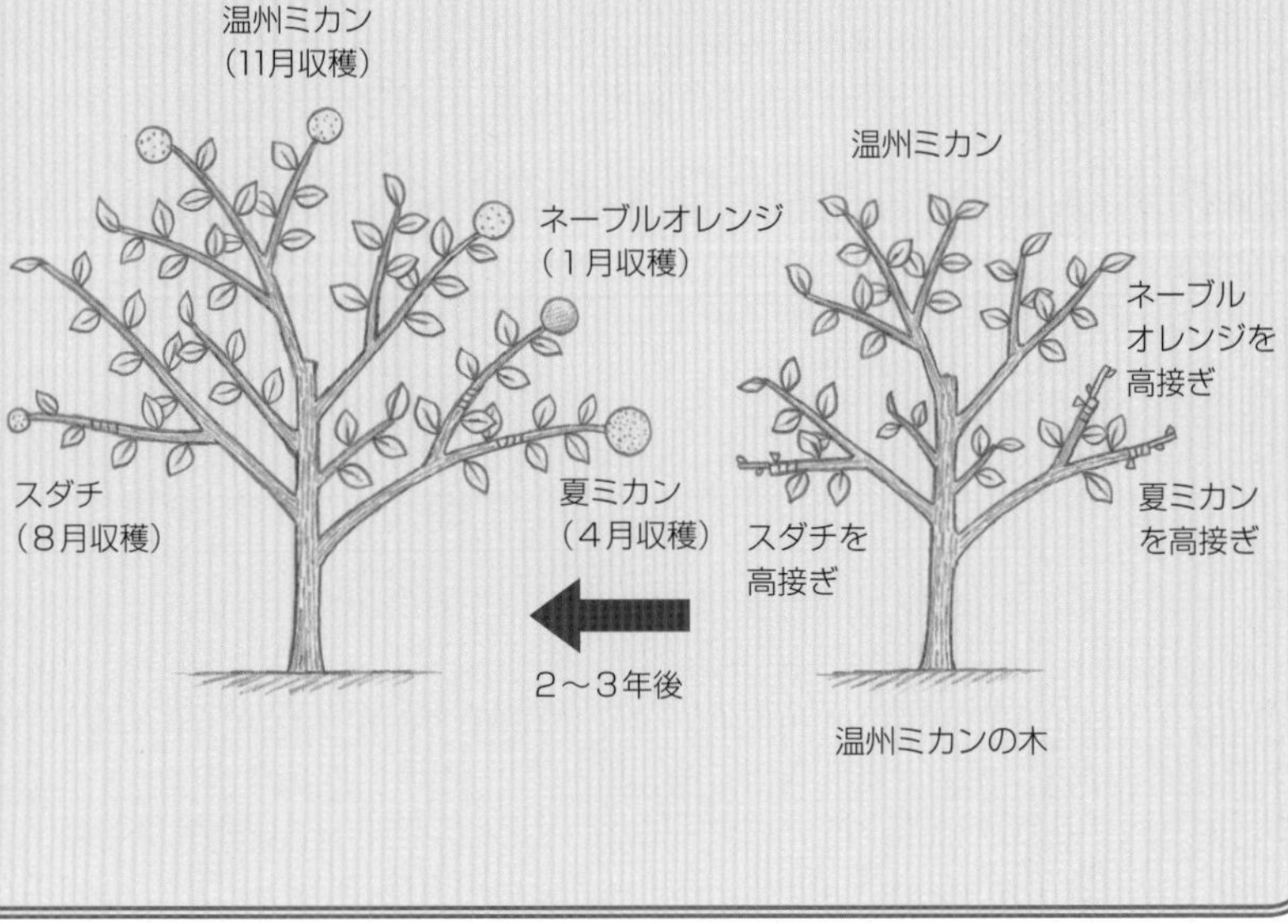

6章
お悩み解決Q&A

「果実がならない」「育ちが悪い」「甘くならない」など、栽培中によくある悩みを取り上げ、解決法を紹介します。症状は同じでも原因は複数あることも。柑橘の状態をよく観察して、適切な方法で対処していきましょう。

Q1 実つきが悪くて収穫できません。どうしたらよいでしょうか？

回答

まずは次のA～Cのどれに当てはまるかを確認することから始めましょう。その後、該当する①～⑫の原因に関する対策を講じます。原因はひとつとは限らず、複数であることが多いので注意しましょう。

A　花すら咲かない

・植えつけから数年しか経過していないか、種子から育てた　→①へ
・前年にたくさん収穫できた　→③へ
・日当たりが悪い　→④へ
・葉が白く変色してパリパリに　→⑤へ
・剪定《せんてい》時に樹高をかなり低くした　→⑥へ
・剪定で多くの枝を切り詰めた　→⑥へ
・真上に伸びる枝が多い　→⑦へ
・前年に葉がしおれたことがある　→⑧へ
・肥料は十分やっている　→⑨へ
・鉢底から根が出たり、水がしみこみにくくなったりしている　→⑩へ

B　花は咲いたが、直後の5～6月頃に果実が落ちた

・植えつけから数年しか経過していないか、種子から育てた　→①へ
・開花期に天候が悪かったか、マンションで栽培している　→②へ
・日当たりが悪い　→④へ
・葉が白く変色してパリパリに　→⑤へ
・真上に伸びる枝が多い　→⑦へ
・前年に葉がしおれたことがある　→⑧へ
・肥料は十分にやっている　→⑨へ
・鉢底から根が出たり、水がしみこみにくくなったりしている　→⑩へ
・病害虫が発生して生育が悪い　→⑪へ

C　果実はなったが、7月から収穫前の期間に落ちた

・日当たりが悪い　→④へ
・葉が白く変色してパリパリに　→⑤へ
・真上に伸びる枝が多い　→⑦へ
・葉がしおれたことがある　→⑧へ
・肥料は十分にやっている　→⑨へ
・鉢底から根が出たり、水がしみこみにくくなっている　→⑩へ
・病害虫が発生して生育が悪い　→⑪へ
・台風などの強風後に落ちた　→⑫へ

①結実するには木がまだ若すぎる

初結実までに苗木から3年以上、種子から8年程度かかります（113ページ）。適切な管理作業をして木の生育が落ち着くのを待ちましょう。

②受粉が失敗して種子ができなかった

開花期の天候が悪かった年や受粉昆虫が訪れにくい場所で栽培している場合は、受粉が失敗することがあるので、人工授粉（64ページ）をすると効果的です。特にハッサクなどの自家不和合性《じかふわごうせい》をもつ柑橘（同）ではなるべく行いましょう。

③前年に果実をならせすぎて隔年結果した

果実を多くならせすぎたのが原因です。摘果《てきか》（72ページ）をして、果実の数を減らしましょう。

④日照不足で光合成ができず養分が不足した

植えつけ場所（50ページ）や置き場（102ページ）の日当たりが改善するように工夫しましょう。

⑤寒さで木が傷んだ

冬に寒さで枝葉が傷んだのが原因です。防寒対策（98ページ）や置き場（102ページ）を見直しましょう。

⑥剪定で切りすぎた

枝を間引きしすぎたり（91〜92ページ）、枝を切り詰めすぎると（94ページ）実つきが悪くなります。

⑦真上に伸びて徒長《とちょう》枝になった

多くの枝が真上に伸びて徒長枝の割合が増えているのが原因なので、誘引《ゆういん》（96ページ）をしましょう。

⑧水不足で根が乾燥して木が傷んだ

水やり（103ページ）を見直しましょう。

⑨肥料を施しすぎた

肥料、特にチッ素を施しすぎると新梢《しんしょう》が徒長して、花芽《かが》がつきにくくなります。肥料の種類や施肥《せひ》量は105ページを目安にしましょう。

⑩鉢植えが根詰まりした

植え替え（100ページ）をしましょう。

⑪病害虫が発生した

病害虫が多発して木の生育が悪くなっています。まずは予防の徹底と速やかな対処を（106ページ）。

⑫強風に細い枝が耐えられなくて折れた

剪定で適度に枝を切り詰めて（94ページ）、発生する枝を適度に充実させて折れにくくします。

Q2 木の生育が悪くて枯れそうです。何が原因でしょうか？

回答

生育を悪くする原因として多いのが次の①～③です。その他の原因も含めてさまざまな観点から栽培状況を見直しましょう。一度木が弱ると回復までには数年が必要ですが、元気になるまでじっくりと育てます。

生育を悪くする原因①　冬の寒さ

もっとも多い原因が冬の寒さです。柑橘は総じて耐寒性が低いので（16ページ）、庭植えでは寒冷紗《かんれいしゃ》をかぶせるなどの防寒対策（98ページ）が効果的です。対策をとっても毎年のように寒さで弱るような寒冷地や被覆《ひふく》ができない大木では、残念ながら庭植えをあきらめ、新たな苗木を購入して鉢に植えて冬に置き場を室内などに移動させることも検討しましょう。

▲寒さで弱った葉は白く変色してパリパリになる。木の外周部にある枝葉が被害にあいやすい。

生育を悪くする原因②　水不足

水不足になると植物の生育が悪くなるのはいうまでもありません。柑橘は水不足になると若い葉がしおれたり、写真のように葉が内側に巻くのが特徴です。水不足になっても水をただちにやれば状態が戻り、木が回復したように見えますが、実際は木にはダメージが残っており、少し後に落果したり翌年の実つきにも影響するので、少しの油断も禁物です。

▲水不足で葉が内側に巻いてしまった状態。特に鉢植えでは水不足にならないように注意。

生育を悪くする原因③　根詰まり

生育に必要な水分や肥料分の大部分を吸収している根は非常に重要な存在です。そのため、根詰まり（100ページ）を起こすと、水やりや施肥が十分でも葉が黄色くなったり枝の伸びが極端に悪くなったりして、いずれ枯死します。鉢植えは特に根詰まりしやすいので、1～3年を目安に植え替え（100ページ）が必要です。

庭植えは、根が伸びる範囲が広くて根詰まりが発生しにくいものの、植えつけ場所の水はけが悪くなると鉢植えと同様に根の生育が悪くなります。そこで、2月の元肥《もとごえ》（104ページ）を施すさいに、土を軽く耕すなどして水はけを改善しましょう。

▲鉢植えの根。古い根が巻いていて、新しい根が伸びる余地がなく、根詰まりしている状態。

生育を悪くする原因　その他

その他の原因として、まずは日当たりが重要です。柑橘は日光が当たる時間が長いほど生育がよくなるので、植えつけ場所や置き場にはなるべく直射日光が長く当たる場所を選びましょう。

病害虫のうち、木が枯れるほどの被害がもっとも発生しやすいのはカミキリムシ類（67ページ）の幼虫で幹の中を食害します。発生初期に木くずやふんが出るので、手遅れになる前に穴の中の幼虫を針金や薬剤で駆除します。

剪定も重要です。何年も剪定しないと適度に充実した枝が発生しなくなります（90ページ）。また、土の中の肥料分が極端に少ない場合にも、枝の発生が衰えて生育が悪くなるので、やりすぎない程度の施肥が必要です（104ページ）。

▲ゴマダラカミキリの成虫。6～7月頃に幹に産卵するので、成虫を駆除することも重要。

Q3 収穫した果実が甘くないです。甘くするコツは何ですか？

回答

果実を甘くするコツは多数ありますが、特に重要なのが次の①～⑥です。日当たりや品種選びなど、すでに植えてしまって対応できない原因がある場合には、ほかのコツを守ることで品質向上が期待できます。

甘くするコツ① 日当たり

果実の甘みをもっとも左右するのが日当たりです。果実に蓄積される糖分の大部分は、葉で光合成して得られたものなので、日当たりが悪いと糖度が高くなることは期待できません。鉢植えは季節や時間帯に応じて日当たりがよい場所に置き場を移動しましょう。庭植えは剪定で枝が混み合わないように間引いて、少しでも日当たりを改善します。

▲鉢植えは日当たりも重要だが、病害虫の防除には軒下などの雨が当たらない環境も重要。

甘くするコツ② 水はけと水やり

果実に行き渡る水分が多すぎると糖分が薄まってしまい、甘みが足りない果実になります。そのため、果実に余分な水分が行き渡らないように水分を削減する、つまり水分ストレスをかけると甘い果実が収穫できます。具体的には、庭植えでは水はけのよい場所に植えるほか、2月に土を耕すのも効果的です（125ページ）。鉢植えでは「果樹・花木用の土」（48ページ）などの培養土の利用がおすすめです。

水やりのさいには、果実が色づき始めた頃から水やりを少し控えると糖度が高くなる傾向にあります。ただし、水やりを控えすぎると水不足（124ページ）になって木が傷むので注意が必要です。

甘くするコツ③　品種選び

甘みの強弱は品種によって異なります。たとえばブンタンは糖度10％程度、温州《うんしゅう》ミカンは糖度12％程度ですが、新品種のあすみ（26ページ）やあすき（同）は糖度15％程度と品種がもつポテンシャルが高いので、甘い果実の収穫が期待できます。

甘くするコツ④　収穫時期

収穫の適期よりも早く収穫すると甘みが乗りきっていないほか、酸味が強くて甘みを感じられません。特に1～7月頃に収穫する晩生《おくて》の品種は、着色直後の12月頃の早すぎる時期に収穫してしまい、品質を損ねる原因となることが多いです。

▲夏ミカンは11～12月に色づくが、4月頃まで収穫を待たないと酸味が強くて甘みを感じない。

甘くするコツ⑤　摘果

果実がたくさんつきすぎていると、1個の果実に行き渡る糖分が減り、甘みが足りない果実となります。果実品質を向上させるために、摘果（72ページ）は必ず行いましょう。ただし、温州ミカンなどでは摘果で果実を間引きしすぎると果実が大きくなりすぎて、食味が低下することもあるので注意が必要です。

甘くするコツ⑥　葉を増やす

葉というのは果実に糖分などの養分を合成する、いわゆる工場の役割を果たしています。つまり、葉が少ないと果実に行き渡る糖分も少なくなり、甘みが足りない果実しか収穫できなくなるのです。

葉を増やすためには、日当たりを改善し、適度に肥料をやるほか、寒さで枝葉が弱らないようにすることが重要です。また、剪定で枝を切り詰めて（94ページ）、充実した枝を発生させることも意識しましょう。ただし、切りすぎると葉が減って逆効果となります。

●参考文献

『果実の事典』杉浦明、宇都宮直樹、片岡郁雄、久保田尚浩、米森敬三 編（朝倉書店）
『品種改良の世界史　作物編』鵜飼保雄、大澤良 編著（悠書館）
『栽培植物の起源と伝播』星川清親 著（二宮書店）
「果樹農業振興基本方針」農林水産省
「農業・食品産業技術総合研究機構　育成品種紹介」（農業・食品産業技術総合研究機構webページ）
『カンキツ総論』岩堀修一、門屋一臣 編（養賢堂）
『NHK趣味の園芸　よくわかる栽培12か月　柑橘類』根角博久 著（NHK出版）
『原色果樹病害虫百科1　カンキツ・キウイフルーツ』農山漁村文化協会 編（農山漁村文化協会）

新版 家庭でできる おいしい柑橘づくり 12か月

2021年 2月20日　第1版発行
2022年12月27日　第2版発行

著　者　三輪 正幸
発行者　河地 尚之
発行所　一般社団法人 家の光協会
〒162-8448　東京都新宿区市谷船河原町11
電　話　03-3266-9029（販売）
03-3266-9028（編集）
振　替　00150-1-4724
印　刷　シナノ印刷株式会社
製　本　シナノ印刷株式会社

乱丁・落丁本はお取り替えいたします。
定価はカバーに表示してあります。

ISBN978-4-259-56677-7 C0061

●著者紹介

三輪正幸（みわ・まさゆき）

千葉大学環境健康フィールド科学センター助教。
1981年、岐阜県生まれ。専門は果樹園芸学および社会園芸学。「NHK趣味の園芸」、「NHKあさイチ　グリーンスタイル」などのテレビ番組の講師をつとめ、家庭でも果樹を気軽に楽しむ方法を提案している。主な著書・監修書に、『育てて楽しむウメ百科』（家の光協会）、『果樹栽培 実つきがよくなる「コツ」の科学』（講談社）、『NHK趣味の園芸 12か月栽培ナビかんきつ類』（NHK出版）、『からだにおいしい フルーツの便利帳』（高橋書店）、『小学館の図鑑 NEO ⑳ 野菜と果物』（小学館）、『剪定もよくわかる おいしい果樹の育て方』（池田書店）、『トロピカルプランツの育て方』（ブティック社）、『ひと目でわかる病害虫の症状・予防・対策』（ナツメ社）、『くだものと木の実いっぱい絵本』監修（あすなろ書房）などがある。

●STAFF

デザイン・DTP／小林友利香（ニシ工芸）
イラスト／角 慎作
編集協力／たいらくのぶこ
校正／かんがり舎
写真協力／三輪正幸、国立研究開発法人農業·食品産業技術総合研究機構（農研機構）、PIXTA、FoodsLink、家の光フォトサービス